翼生于暗

逆境中的成长之旅

加林 著

清华大学出版社

北京

图书在版编目 (CIP) 数据

翼生于暗：逆境中的成长之旅 / 加林著. –– 北京 : 清华大学
出版社, 2025. 1. –– ISBN 978–7–302–68189–2

Ⅰ. B848.4–49

中国国家版本馆CIP数据核字第2025N9A675号

责任编辑：胡洪涛
封面设计：于 芳
责任校对：薄军霞
责任印制：杨 艳

出版发行：清华大学出版社
   网 址：https://www.tup.com.cn, https://www.wqxuetang.com
   地 址：北京清华大学学研大厦A座   邮 编：100084
   社 总 机：010-83470000   邮 购：010-62786544
   投稿与读者服务：010-62776969, c-service@tup.tsinghua.edu.cn
   质量反馈：010-62772015, zhiliang@tup.tsinghua.edu.cn
印 装 者：涿州汇美亿浓印刷有限公司
经 销：全国新华书店
开 本：148mm×210mm 印 张：7.375 字 数：133千字
版 次：2025年1月第1版 印 次：2025年1月第1次印刷
定 价：55.00元

产品编号：109614-01

前言

我步入丛林

因为我希望活得有意义

我希望活得深刻

汲取生命中的所有精华

把非生命的一切全都击溃

以免当我生命终结时

发现自己从来没有活过

——亨利·戴维·梭罗

这是一本关于成长的书，而不是一本关于炒股的书。

虽然书里会反复出现涉及股票交易的事件，但是我用了尽可能浅显的方式来陈述这些事件，也对相关术语做了注释。其实，无论是术语还是注释，都是可有可无、可用可不用的，因为它们丝毫不会影响对于本书的理解。所以，即使你对股票交易一无所知，也不需要担心在阅读过程中会出现理解上的障碍。

这本书记录了我从走出象牙塔开始到混迹华尔街两年间的成长经历。常听人说成长是痛苦的，但没人告诉我它竟然可以这么痛苦。把书稿发给编辑老师看完之后，他说我顶着一堆学霸的光环，可能有些读者浏览一下作者简介就觉得一个学霸的生活离自己有点遥远。听完这个评论我就乐了。我说："我真是冤枉。没见过哪个学霸过得这么惨。"这可不是故作谦虚。首先，我真不是什么学霸，至少很长时间都不是。如果你有兴趣读完我的故事，你会知道我是从什么时候开始变得努力奋进的。其次，我是真的过得很惨。可能很多人都觉得拿着一摞名校的毕业证书，应该可以轻松换一张顶尖公司的高薪职业入场券，从此小跑着奔向人生巅峰。然而，这个幻景放在我身上真是再偏离现实不过了。过去的两年中，我经历的很多事情的艰难程度都是我不曾想象过的，更别说经历过了。我不止一次地想过放弃，也不止一次

地质问自己这么苦哈哈地过日子到底值不值得。如果你有兴趣读完我的故事，对于该不该放弃，是不是值得，相信你会有自己的答案。无论你最终的答案是什么，也无论你有着怎样的境遇，我都希望我的经历可以带给你一些力量和启发。

作者

2024 年 8 月于美国纽约

目录

缘起

今天是你创造你想要的明天的机会。

——肯·波洛

两年多以前，提到华尔街，我脑海中浮现的画面是穿着价值曼哈顿一个月房租的西装，奇迹般地用四十几根头发撑起五斤重的发胶的银行家们。不过两年多以前并没有人对我提到华尔街。那时候的我正在痛苦地一个词一个词地……哦不，一个字母一个字母地往外挤我的毕业论文，穿插着偶尔质疑人生地纠结自己六年时间都用来干什么了。六年，安心窝在家里生娃都能攒半个足球队了。也是在那个时候，我第六百二十次做出决定：博士毕业之后一定不要找教职。那时我想，人生中不会再有什么比写论文更让人痛苦了！唉，那时候的我真是乐观而无知。此刻回想起当年写论文的时光是多么岁月静好。客观地说，这种乐观而无知的错觉似乎始终伴随着我。中考前乐观而无知地相信上了高中就轻松了。骂了三年初中班主任真是骗子的同时，又乐观而无知地相信上了大学就轻松了。骂了三年高中班主任真是骗子的同时，又乐观而无知地相信大学毕业就轻松了。骂了自己六年不长记性的同时，却又义无反顾地乐观而无知地相信博士毕业就轻松了。

对写论文的敬畏之心促使我在毕业前开始找业界的工作。当时我的目标是"混"进一家对冲基金学点东西，建立点人脉，自己再弄个对冲基金赚两年钱，然后开心地退休，在大森林里建一个带有私人图书馆的小木屋——或者更准确地说——一个带有卧室的私人图书馆，从此不问世事，每天看花看云看书。不写论文！不写论文！不写论文！

经过若干心不在焉地投简历和面试（心不在焉的问题会在后面提到，这是我的领悟之一），我找到了千禧年基金（Millennium Management）的一份工作。但是经过一番打探，我从"敌人"内部了解到千禧年基金的环境非常不透明，每个人分到的工作只是全局的一小部分。公司会有意地让员工看不到全局。这和我想学本领然后单飞的想法非常不契合。

与此同时，我找到的另一份工作来自一个自营交易公司（proprietary trading firm）。那时候我并不知道这类公司是干什么的。谷歌告诉我，做自营交易公司的交易员是世界上最难的工作之一，但是如果成功的话，也是世界上最令人满足的工作之一。用脚趾头慎重思考了两毫秒的我愉快地接受了这份工作，正式开始了我璀璨……哦不，摧残的华尔街之旅。

狼群中的小白兔

你生来就是一名球员。你注定要在这里。这一刻是你的。

——赫伯·布鲁克斯

自营交易公司在国内并不普遍，对大多数人来说都很陌生。这里的"大多数人"包括还在憋毕业论文的我，还有我的父母和七大姑八大姨们。至少我是这样认为的。否则出于亲情，七大姑八大姨们一定好好把握那珍贵的两毫秒，哭着喊着劝说我正在努力思考的脚趾头让我不要接受这份工作。至于父母，我知道老爹老妈即使出于亲情也不会劝我的，因为他们知道劝了也没用。嗯，你们懂的。

与各类基金不同，自营交易公司不接收也不管理投资者的资金，而是用公司自有的资本，按照交易员的资历和表现分配资本给交易员，让交易员"自行了断"……哦不，自行交易。交易所产生的利润（如果存在的话），由交易员和公司按一定比例分成。我所在的组主要交易在美国上市的公司的股票，偶尔也进行一些期权交易。公司的其他组有交易电子货币的，有交易外汇的，也有交易期权和期货的。

由于我入职的时候美国新冠疫情刚刚结束（更准确地说，刚刚被合法忽略），而疫情期间公司又花大价钱建立了网上交易厅供交易员进行实时交流，再考虑到交易员们向往自由的灵魂，我们组还延续着远程办公的模式。这导致我对同事们并不了解，进而使我乐观而无知的状态多持续了几个月。那时候只知道我们组长毕业于沃顿商学院，获得过两次自由搏击世界冠军。当时觉得，哎哟不错，一个能文能武的小哥儿。工作了一段时间之后知道我们的副组长曾经是美国海军陆战队的狙击手，我清楚地记得当时脑袋嗡了一下。又过了一段时间，认识了一位退役的战斗机飞行员同事。我越来越觉得形势有些复杂。

从今年（2024年）年初，我们变成了远程和实地的混合办公模式。第一天上班，坐在我旁边的是一个目光犀利的光头肌肉男。热爱撸铁健身的我坐在他旁边，觉得自己像只人畜无害的小白兔。不久后得知光头肌肉男是从海豹突击队退伍的。

在一次比较随意的场合，我鼓起勇气问组长："组里不是打架的就是打仗的吗？"

组长说："当然不是啦！"

我还没来得及松一口气，组长补充说："你就不是啊。"

我清楚地记得当时脑袋又嗡了一下。

如果读到这里，你还没有因为阅读（不管是不是购买）这本书而大呼上当的话，相信你此时一定产生了一个疑问：为什么一家金融公司里，除了我一个"打酱油的"，不是打架的就是打仗的？①

打酱油的

---

① 南非有一家非常成功的自营交易公司的交易员全是打网球的，并且多数都是世界排名前五十的选手。所以我们不妨总结说这类公司的交易员大多得"打"点什么。

丛林法则

唯有稍微冒险，做一些不可能的事，才能探索可能性的极限。

——亚瑟·克拉克

　　为了弄清楚为什么公司里不是打架的就是打仗的，得先从我们的工作性质讲起。

　　自营交易公司的交易员主攻短线交易，绝大多数交易都是当天完成买卖，也就是传说中的日内交易（day trading），只在比较少数情况下才会把一只股票揣上个十天半个月。个别时候一个交易持续的时间只有几分钟甚至几秒钟。对于体型庞大的基金来说，这种交易方式显然是不可行的。设想某基金经理打算买入五百万股苹果股票，如果大手一挥直接把整个订单扔进市场，那么很可能第一股的买入价是 150 美元，而第五百万股的买入价已经变成了 160 美元甚至更高。当然，作为短线交易员的我们，是极其渴望这样的基金经理存在的。因为擅长打游击战的我们会在第一时间发现这只基金的买入动机，在 150 美元的时候跳上这辆横冲直撞的坦克（买入苹果股票），然后在 160 美元发现"坦克没油"了的时候及时跳下车（卖出苹果股票）。

在金钱至上的华尔街，我们可以合理地假设这样的基金经理是濒临灭绝的珍稀物种。多数基金经理为了获得更加合理的买入价，会把订单拆分到几天甚至更长的时间缓缓买入，从而避免过多地影响价格。而购买力弱小的短线交易员通常并不需要过多担心自己的交易行为会对市场产生过大影响，尤其对于苹果这类超大型公司的股票来说。几百股或者几千股的买入和卖出对于市场的影响大概就像苍蝇撞上了犀牛，犀牛一般并不在意。

从这个角度来说，我们有着天然的优势，可以耐心等待合适的时机进行精准的买入或者卖空来实现自己的利润。当然，能找到合适的时机是一种完美世界中的假设，就像真空中的球形鸡。而现实世界中，很多时候比"合适的时机"更加困难的是"耐心地等待"。这个我在后面会更详细地解释。

曾经和一个在某公共基金公司工作的小伙伴聊到交易的问题，我开玩笑说："你们的交易执行得太粗糙了，如果交给我们做日内交易的来执行，至少多个 5% 的收益。"小伙伴翘着小手指不紧不慢地品了一口星巴克水泥孟婆汤 ①，幽幽地说："绣花绣得还挺嗨，我们可是舞大刀的。"想想挺有道理的。

庞大的交易量使得基金们的交易频率并不频繁，而且对于价

---

① 学名幽灵蓝瓜星冰乐，是"星爸爸"万圣节期间推出的一款闪耀着可疑蓝灰色光芒的饮料。

格的容忍度相对比较高。比如脸书（Facebook）的母公司 Meta 的股票，曾经从疫情期间美联储零利率放水结束的 2021 年 9 月每股 376 美元的高点，在 2022 年 10 月一度跌破每股 100 美元。而很多在 2022 年 7 月以每股 160 美元左右买入 Meta 股票的基金经理，在我写下这段文字的时候，看着 2024 年 4 月 Meta 每股 522 美元的价格可以自豪地拍着胸脯说："看我看我，棒棒哒！"

在日内交易员眼里，这样的资金利用率是无法被容忍的。有着这样资金利用率的日内交易员在自营交易公司也是无法被容忍的。在股票从 160 美元左右跌到不到 100 美元的三个月里，或者是从不到 100 美元涨到 522 美元的一年半里，我们每一天都有可能做多（买入股票），也可能做空（借来一些股票卖出去，期待可以以更低的价格买回这些股票还给人家），也可能在某一个价格从做多变成做空。至于此时此刻的成交价和一年之后的可能的股价相比是高还是低，我们并不在乎。

事实上，对任何一只股票持有过于强烈的个人情感对我们来说都是致命的。虽然我非常喜爱苹果公司的产品，但是当苹果公司股票的图表和买卖队列都在对我大声尖叫"不好不好我撑不住了，我要跌了"的时候，我会毫不犹豫地按下卖空的快捷键。任何英雄救美的想法都会让我成为殉葬品。我用了很久才懂得"一只苍蝇是接不住一头坠落的犀牛的"这样一个简单的道理。

从某种意义上来说，日内交易员是真正活在当下的。最让我头大的事情之一就是给家里打电话的时候娘大人问我说："你觉得 ××× 股票怎么样啊？"要知道这个时候中国股市是已经收盘了的。看着一动不动的图表和并不存在的买卖队列，我的回答一般采用以下模板："如果明天开盘在 A 价格以上的话你关注一下在 B 价格的反应，如果价格停止下跌并且交易量比较大的话可以在 B 价格买入一些；但是如果跌破了这个价格的话你就赔钱卖出去，然后关注一下在 C 价格的反应；如果停止下跌并且交易量比较大的话，可以买入一些，然后反弹到 B 价格左右关注一下市场的反应；如果看起来比较不乐观的话就在 B 价格左右卖出去一部分，然后观察一下短暂下跌之后有没有在 B 和 C 之间找到新的支撑点，如果……（电话那头传来豆浆机的声音）喂？老妈你还在听吗？喂？喂？"

也正是由于如此频繁的交易以及对市场和个股动态的时刻关注，日内交易员的压力是非常大的。业内有些人说日内交易员的职业存活率是 1%，一般不是受不了压力主动辞职了，就是爆仓被动辞职了。也有一些比较乐观的业内人士说失败率只有 95%而已。嗯，只有……而已，听起来很令人欢欣鼓舞呢。而那些成功的日内交易员的盈利能力可以说是非常令人震惊的。业内的惯例是，在年终的时候公司会发给那些利润超过百万美元的交易员绿色的马甲，而那些利润超过千万美元的交易员则会获得黑色的马甲。要知道为了保持苍蝇本色，即使是最资深的交易员，每天动用的资金一般也很难达到千万量级。也就是说，想要成为黑马甲交易员，每年的收益率都是远远超过百分之百的。

去年春天，我曾经去一个同事家参加聚会。他的家是一座大森林边的有着私人池塘的一栋大房子，里面住着他和他最好的朋友——一只我忘记了名字的仓鼠。我悄悄数了数他自豪地挂在墙上的马甲：三件黑色的和五件绿色的。我别有用心地开玩笑说："马甲太占地方了，以后改发帽子吧。"由于公司里只有我一个中国人，大家好像都没有听出有哪里不对。

绕了个大圈子，我好像还是没有直接回答为什么公司里不是打架的就是打仗的这个问题。我是故意的，但也不是故意的。我是故意的，否则这就不是一本书了，而变成了一篇几千字的、很烂的论文。而我已经郑重地说过："不写论文！不写论文！不写论文！"我不是故意的，是因为在某种意义上，我工作后的大部分时间都在理解这个问题。

从事这份工作的两年时间里，我曾经飘入过云端，也曾经坠入过深渊，曾经觉得成功近在眼前，也曾经觉得自己一无是处，曾经因为幸运地从一个赔钱的股票里全身而退而激动得泪流满面，也曾经因为自己的一错再错而扇自己耳光到右耳失聪。我曾经不止一次地因为梦到爆仓而在深夜里尖叫着醒来，慌乱地摘掉因为检测到我心律不齐而报警的苹果手表。我也曾经跪在自己因为暴饮暴食而产生的呕吐物里又哭又笑。一次次地，我断定自己已经疯了，毁了，再也不能成为一个精神健全的人了。但我却又一次次地意识到，这份工作只是以非常残酷而直接的方式放大并暴露出了我性格上的弱点，而只有克服这些弱点，我才是一个更高意义上的精神健全的人。而这一切，终归是一场灵魂的苦修。

长江里的兔子

未曾哭过长夜的人，不足以语人生。

——约翰·沃尔夫冈·冯·歌德

刚刚开始工作的时候，我对日内交易一无所知。那甚至是我第一次接触多数股票交易员所使用的蜡烛图。很久之后，对招我进公司做出了一定贡献的我后来的上司向我坦言，当时看到我的简历很亮眼，从中国到美国，从读本科时化学专业跳到读博士时经济学专业，他认为我是个学习能力和适应能力很强的人。再加上我在简历里自述有十年股票投资经验，所以他破格向公司推荐了一个既不会打仗又不会打架的"文人"。而对于我的"投资经验"，他丝毫没有怀疑。因为基于自营交易公司的工作险恶程度，一般人是没有夸大自己投资经验的动机的。我也只好尴尬地坦白说我最成功的一笔"投资"是在 2012 年买入了迪士尼的股票，十年之后终于回本儿了。这期间还买过一个我不记得名字的食品公司的股票，之所以不记得名字了是因为那家公司已经破产退市若干年了。除此之外的一笔投资是在新冠疫情初期原油大跌的时候买入了一些原油期货的 ETF（交易型开放式指数证券投资基金），过了没两天原油期货刷新所有人认知变成了负数。这就是我的十年投资经验。

然而我并不是有意说谎的，因为基于我当时的认知，炒股就是选一个自己喜欢的公司的股票买入，从此和它幸福快乐地生活在一起。所以我选了迪士尼和某家食品公司——毕竟玩儿和吃是贯穿我生命前三十年永恒的二重奏。说到这里，我和上司两个人默契地进入了"相顾无言，唯有泪千行"的状态。

前面提到过，我入职的时候公司还在远程办公，所以也并没有人可以指点什么都不懂的我。现在回忆起当时的状态，感觉就像是把一个不会游泳的人……不不，一个连水都没见过的人，跳过了从浮板练习到浅水池再到深水池的过程，直接扔进长江里自生自灭。当然，以我保守的性格，如果我提前见识过长江之险的话，可能在浮板练习之前我会偷偷趴在地板上练三个月蛙泳。

总而言之，啥也不懂两眼一抹黑就开始在股市里单打独斗的我很快就败下阵来。连续两个星期，我没有一天是赚钱的，甚至几乎没有一笔交易是赚钱的。这恐怕也是我同行职业历史上的奇迹了吧——就算股市的波动是纯随机的，我也不该永远在赔钱啊。

我想，现在是时候提到自营交易公司的另外一个特点了。它是不提供任何基本工资的。如果产生利润，交易员和公司按一定比例分成。如果产生的是亏损而不是利润，需要先把亏损的部分补上，接下来的利润才开始分成。没过多久，每一天都在赔钱的啥都不会的我眼睁睁地看着自己账户的赤字越来越大，终于感受到一种令人窒息的压力与绝望。我不知道为啥我买啥啥跌，也不知道为啥我一卖掉就会开始反弹。从小接受无神论教育的我逐渐开始相信自己一定是受了诅咒。为了破除诅咒，我每天开盘前都要对着我的电脑三叩九拜。现在回过头去看，那时候的行为当然是可笑至极。可人性有时就是如此，当一个人陷在某一种奇怪的信念中不能自拔的时候，是很难察觉到自己的无稽的。

有点跑题地插播一段，大家遇到有着奇怪信念的人，和他们争论或者讲道理一般是没有用的。如果是无关紧要的小矛盾，求同存异、追求和谐就好了。如果是涉及底线的问题，直接争论，试图用自己的观念去替代对方已有的观念往往也是徒劳的。这种时候我们需要动用自己强大的想象力来解决问题。比如一个人坚决抵制疫苗（这样的人在美国是有着一定存在感的），认为疫苗是一场阴谋，打过疫苗的人都会在不久的以后变成僵尸。你如果跟他讲道理说疫苗不是阴谋，他非但不会相信，反而可能还会觉得你也是幕后黑手之一。或者是你已经在变成僵尸的过程中了，所以脑子不太灵光。如果这个人是个路人甲，那就微笑着挥手道别就好了，没必要费口舌，更犯不着气着自己。

但如果这个人是个对你很重要的家人或者朋友，那么与其费很大劲又伤和气又没有效果地为疫苗平反，你不如这样跟他说："我觉得你的担心也存在一定的道理。可是你看，这么多人都打了疫苗了，如果他们都变成僵尸了，只有你还是个人，他们会来吃谁？"

回归正题，可能你已经猜到了，对着电脑三叩九拜并没能解决任何问题，我仍然在日复一日地赔钱。于是我开始疯狂地参加各种在线课程，购买并阅读一切我可以找到的有关日内交易的书。因为什么都不懂，所以我也没有能力区分课程和书籍的优劣。"兼容并包，来者不拒"是我当时的座右铭。在刻苦学习后，我成功跳出了迷信的怪圈，进入了一个新的循环：

令人遗憾的是，最终使我跳出这个循环的并不是盈利，而是绝望。那是一种我从未有过的无力感。也许听起来有些自负，截止到那个时候，之前我的人生可以说是一帆风顺的——我想要做到的事情一般不需要花太多的努力就做到了，而个别花了不少努力做到的事情，都成了我认为值得炫耀的人生成就。比如我常常跟亲戚朋友们提起我刚刚转到经济学专业的时候，啥啥都不懂，写作业的时候题目里的每句话都至少有三个术语需要到谷歌上查是什么意思，然后发现谷歌的解释里很不贴心地包含着另外三个陌生术语。在这种情况下，我还是以 4.0 的GPA（美国高校的最高成绩）硕士毕业并且申请到了美国经济学排名前十的博士项目。

再比如，我在读硕士的时候忽然意识到自己肥得有点流油（纯体重层面），然后用了洪荒之力跑了人生的第一个 5000 米，耗时 56 分钟左右。一年以后，我的 BMI 从 24.8 降到了 17.7，跑 5000 米的用时变成了 26 分钟左右，并且成功地把体重和体能保持到了今天。这期间还拿到了美国运动委员会（ACE）的私人教练证。我也经常听到身边的朋友说只要我想做的事情一定是可以做好的。然而在股市的蹂躏摧残下，我失去了全部的自信。

我被深深的绝望和无力感吞噬着，就像陷在泥沼中的困兽，每一次挣扎都让我陷得更快、更深。我开始根据情绪来买卖股票。一只股票如果让我赔了钱，而在我卖出之后又涨过了我的买入价，也就是说如果我硬撑着是可以不赔钱的，那么我会非常愤怒地大力度卖空这只股票，就好像我愤怒的卖空可以把股价砸下去一样。毫无疑问，这样的非理性交易只会让我在卖空中又一次赔钱。收盘之后，看着自己创造的几倍于日均的亏损金额，我被自责与悔恨吞噬。

但我不会这么轻易倒下的！我运动，冥想，看各种鸡汤的书籍，听各种正能量的采访，阅读各种名人的传记。我竭尽全力给自己打气让自己重新站起来。我还用"理性"来说服自己：你看，你如果咬紧牙关不卖不就不赔钱吗？下次不卖就好了。

重整旗鼓的我第二天在重拾对电脑三叩九拜的仪式之后，信心满满地进入战斗状态。赔钱？我不卖。跌了更多？我再买点，拉低平均价。怎么还在跌？我再买点，总不能一点不反弹吧。反弹了一点点！太好了，再涨一些我也许就不赔钱了。怎么又跌了？怎么更低了？我翻十倍买入！我就不信了！还在跌。我一脚踢开椅子对着电脑开始疯狂地磕响头。救救我吧，赔了太多钱了。我下次一定不赌气了。救救我吧，救救我吧。还在跌。

算了，卖了吧。于是又是亏损创纪录的一天。

　　我麻木地走到镜子前，看着自己脑门上磕响头磕出来的瘀血，所有给自己灌的鸡汤都化成了泪水。

　　也许我真的不适合。也许世界上真的有那么一些事情，无论我多么努力也做不到。也许世界上真的有那么一些人，能力就是很低很有限，而我就是其中一个。很幸运地，我学会了不在股市里发泄情绪，除了很偶尔的时候。很不幸地，我把所有的负能量发泄给了自己。我每天对着镜子骂自己智障，骂自己低能，骂自己干啥啥不行，骂自己活着就是浪费地球资源。慢慢地，仅仅动动嘴皮子已经不足以发泄我对自己的不满和失望，我开始出现一些我在此不想详述的自残的行为。很偶尔地，我会重新恢复一些理智。在这短暂的理智的片段中，我意识到，我真的不能再这样下去了。我已经是半疯半癫的状态了，再这样下去我就真的毁了。

也许是出于求生的本能吧，我关闭掉了所有的情绪。我终于从痛苦中解脱出来了。也就是在那个期间，一个朋友带着我的狗去远足，结果我的狗跑丢了，丢在了大森林里。我听说的时候只是轻描淡写地说了一句："哦，没事儿。"我知道我不是出于善良或者友情在安慰朋友。真的不是。我只记得在我曾经疯狂打骂自己的时候，蜷在角落里颤抖的我的狗。离开这个疯子主人，是好事吧。大森林里会不会冷，会不会吃了有毒的东西，这些我当时一点都没有过脑子。也许大脑本能地屏蔽掉了已经让它不堪重负的可能带来痛苦的想法。

然而，那努力抑制住的痛苦时刻都有喷涌而出的危险。我开始躲避周围的人。就像一个摔倒的孩子，如果周围没有人，也许自己忍着疼就爬起来了。而别人一句关切的"没事儿吧？摔疼了没有？"就会打开他泪水的闸门。

众生皆苦

当所有事情似乎都与你背道而驰时，请记住，飞机起飞时并不是顺风而行，而是逆风而起。

——亨利·福特

看到这，也许你在想，这点小挫折至于吗？多大点儿事啊。实在干不好又怎么样啊，换个工作不就完了吗？非洲那些连饭都吃不饱的人也没像你这么要死要活的啊。

事实上，我自己也是这么想的。每每感到无比痛苦的时候，我会拼命召唤回一些理智，教育自己说："这点小挫折算什么啊？就这点耐压能力以后能成什么大事儿啊？世界上那么多比你不幸的人呢，你有资格在这儿痛苦吗？"在这样"理性"地自言自语后，我感觉更糟了。不但学习能力工作能力很差，耐压能力也很差。果然是啥啥都不行。

相信很多人在生命的某些阶段都遇到过类似的情形。在面对一件让我们很痛苦或者很难过的事情时，我们努力教育自己不应该感到痛苦和难过。或者在我们向家人朋友表达痛苦和难过的时候，被对方教育我们遇到的不是多大的事儿，不该产生这么强烈的感觉。也许在某些时候，我们也对其他人扮演着这个教育者的身份。我相信教育者的初衷是好的，都是希望对方可以从痛苦中走出来。然而这种方式往往会导致对方在痛苦的基础上又增加了一定层次的自责。

我用了一年多的时间，终于学会了无条件地接受自己的情绪。如果一件事情让我感到开心，我就尽情地享受那一刻的开心，而不去担心所谓的乐极生悲。如果一件事情让我感到难过，我也完全接纳难过的感觉，而不去自我辩证是不是应该感到难过。在我眼中，每一种情绪的存在与一草一木的存在并没有什么两样。我想应该没有几个人会教育街边的一棵柳树说你应该是一棵榆树才对（至少在我最癫狂的阶段我都没有这么做……）。也恰如一草一木，每一种情绪也都有自然的生命周期。无论是欢愉还是痛苦，都会淡去。而当它们来临的时候，我会试着完全去接纳和品味它们，哪怕这种情绪是被我们习惯性打上了负面标签的。生而为人，情绪也是我们生命的一部分，值得去珍惜。

而关于"至不至于"，也许我的想法有些奇怪，但我觉得对这个问题的回答应该是肯定的。至于，真的至于！我知道看看超级富豪们坐着私人游轮吃着几百美元一克的鱼子酱，再看看贫民窟里骨瘦如柴的孩子们，很难相信众生平等这个概念。但也许活在个人小世界里的每一个人，在痛苦与快乐的层面上，都是平等的。饱饱地吃上一顿饭，无论这顿饭在很多人眼里是多么平淡无奇，但它给一个从没怎么吃过饱饭的人带来的巨大满足感，可能和贝佐斯实现儿时梦想——坐着火箭去太空溜达一圈所产生的满足感在程度上并没有什么两样。而一个富家子弟没能如愿获得一双限量版球鞋的失落感，和一个仅有的一双鞋被人偷走的流浪汉所感受到的失落感或许在程度上也并没有什么两样。

众生平等之处也许在于，我们每一个人所感受到的快乐与痛苦都是真实的，在程度上甚至也都是可比的，无论造成这种快乐与痛苦的事件是多么不同。可能让我痛苦到发疯的事情在一些人眼里是天大的事，在另外一些人眼里是绿豆大的事。但无论你属于哪一些人，也许都有过那么一段经历，让你痛苦到窒息，无论这段经历在另一个人眼里是天大的事还是绿豆大的事。正所谓，"如人饮水，冷暖自知"。

希望我的这番"谬论"没有让你感到愤愤不平。我知道很多人看到我把富家子弟错过限量版球鞋和流浪汉失去仅有的一双鞋相提并论会感到不舒服。在之前的很长一段时间，我也是抱有这样的心态的。我觉得一些人所谓的痛苦就是无痛呻吟。人间疾苦，你见过多少？你遇到的这点儿事儿也配叫痛苦？我也经常这样对自己说。我知道在很多方面自己都是个极其幸运的人，所以每当我为一些事情感到痛苦忧虑的时候，我脑海中都会产生一个批判的声音跟我说我没有资格感到痛苦，因为比我不幸的人多得是。然而一旦决定接受一种新的视角来看待这个问题，这种思维方式的漏洞就显而易见了。在这种思维方式下，我们在无意中把痛苦当作一枚荣誉勋章，只有不幸到一定程度的人才有资格拥有。

而实际上，痛苦并不是小学老师贴在作业本上的小红花，而是击鼓传花时的那朵大家避之不及的大红花。而我们每个人都是击鼓传花的参与者，无论贫富贵贱，我们都有接到那朵花的时候。转变思维方式之后，我不再去衡量谁的痛苦更理所应当，谁的是没事找事。相反，我对每一个感受到痛苦的人，包括我自己，都开始怀有共情。众生皆苦。在苦与乐之中，人人平等。

噩梦才刚刚开始

不要祈求生活的轻松，诉求自己有足够的力量去承受艰难的生活。

——李小龙

买啥啥跌、卖啥啥涨的日子大概持续了三个多月。其间我实在是被绝望冲昏了头脑，否则应该当机立断转行以收保护费为生。"喂？微软吗？给×××账号打五百万过来，否则我就买你股票了，三分钟市值蒸发两个亿啊，你可想好了。"

这三个月我看了数不过来的在线教学视频，读了二十二本讲日内交易的书。现在回过头去看，比较自豪的是即使每天都在崩溃的边缘挣扎，我还是撑住了一口气，没有躺平也没有辞职。有的时候一天下来赔钱赔得浑身哆嗦，甚至有两次因为过度紧张，手僵在握着鼠标的姿势怎么都舒展不开。按照常规思维，可能这种情况下应该出去吃个好吃的或者看个想看的电影，让自己感觉好一点。但我的逻辑是只有努力学习会让我感觉好一点。因为技能不够所以赔钱，并因此而绝望，那么让自己停止绝望的途径就应该是提升技能，而不是出去吃顿寿司。

在疯狂补习了一些关于日内交易的知识之后，那原本凌乱不堪的蜡烛图们开始变得温驯而有逻辑了。于是我的工作也开始有了起色。在入职四个多月后的某个星期五，我的单日利润首次突破了 5000 美元。虽然距离把入职之初产生的财务漏洞补齐还有非常可观的距离，但我以为我成功地从泥潭里爬出来了，以后的生活将是风和日丽、繁花似锦的。我没有想到的是，真正的挑战才刚刚开始。

　　比蜡烛图们更加有规律可循的是我的盈利曲线。我会非常稳定地每天盈利并持续很多天，然后忽然某天出现一次雪崩式的亏损，把之前积累的盈利一口吃掉。这样的一天结束之后，我一般需要用一两周的时间经历悲伤的五个阶段。[①] 重拾信心之后再次投入战斗，又是每天盈利并持续一段时间，感觉自己棒棒的，然后被一天的大亏损打上一记重拳。偶尔这记拳打得不够疼的时候，第二天会再来一拳。两拳下来，不但累积的盈利灰飞烟灭，入职初期积累的财务赤字也变得更大一些。几个轮回下来，我陷入了深深的绝望。而这一次的绝望，比之前所经历的更加剧烈和漫长。

　　回忆起来还挺有意思的，人生有时候就是如此吧。每当我们

---

① 美国心理学家 Elisabeth Kübler-Ross 在其 1969 年的著作《论死亡与临终》（*On Death and Dying*）中提出了悲伤的五个阶段（Five Stages of Grief）。这一理论模型认为人在经历悲伤的情境，比如亲人离世、失恋、失业或患绝症等都会经历否认（denial）、愤怒（anger）、讨价还价（bargaining）、沮丧（depression）和接受（acceptance）这五个阶段。

觉得情况已经不能更悲惨的时候，事实往往要向我们证明，其实还可以更悲惨的。就像食堂的饭，比这一顿还难吃的，没准儿就是下一顿。为什么比之前更绝望呢？其实答案很简单，因为之前知道自己做不好是因为技术问题，所以努力学习技术，希冀情况得以好转。从这个意义上来说，刚入职的时候只是痛苦——失去金钱的痛苦，还算不上绝望。再不拜金的人眼看着自己偶尔一天赔掉不少人一个月的工资，估计心里多多少少也会有点儿不舒坦，更何况我对金钱还是有点儿喜爱的。

绝望和痛苦有一定的相同之处，比如它们写起来都是二十画。但它们的不同之处在于痛苦是一种更加当下的存在，因为心里的希望之火还没有熄灭。对我来说，那希望之火就是我知道我有什么地方可以努力。绝望则是一种绵延不绝的存在，因为并不知道如何才能改变现状。

我知道一般来说日内交易员的成长期至少需要两三年，而我才刚刚入职半年，在技术上仍然存在很大的提升空间。但我的盈利曲线并不是单单用技术不足可以解释的。因为找不出别的地方需要努力，所以我试图用更加努力的学习来扭转局面。又是无数个网络教学视频，无数本关于交易策略的书。因为比较优质和主流的课程和书籍已经在前三个月就被我干掉了，所以这一轮找到的并不是非常优质和有价值。我甚至买了德语和日语的讲日内交易的书。其实用脚趾头想想都知道如果它们比较出色的话不会没有英文翻译版，但那时候我已经不是很信任用脚趾头做决定的明智性了。

事实证明，掌握过多的信息有时候是有害的，尤其当这些信息的质量堪忧的时候。在学习了很多交易策略之后，我如愿打破了若干天赚钱然后一两天赔掉的规律。取而代之的，是天天都赔钱的老路子。唉，这似曾相识感是怎么回事！多数的事情一段时间之后回过头去看是清晰的，而身在其中的时候却总是云里雾里。现在看来很明显，我又一次进入每天都赔钱的状态是因为我短时间内学习了太多分析市场的方法。

也许每一种方法本身运用得当都是非常有价值的，但如果只掌握皮毛，而且是几十个皮毛的话（并且其中掺杂了一些品质很差的皮毛），那么做出准确分析的能力就下降了。就像是在决斗场上站在那里认真思考：我是用今天早上学的左勾拳呢，还是用昨天学的直拳呢？或者也许用右蹬腿比较好？不不，一定还有点什么其他更好的招式。排山倒海怎么样？恭喜，你已经被KO^①了。而那时候的我就是天天在对市场过度解读，以至于无法解读的过程中不断被KO的。可我当时不知道是怎么回事。在我看来就是，我这么努力学习了，结果还是很差，怎么回事？一定是还不够努力！于是购物车里又多了十本关于交易策略的书，附加一本俄语教学指导，以便日后阅读俄语的日内交易书籍。

---

① knock out 的缩写，意思是"击倒"或"击败"。常用于格斗比赛中表示一方被击倒失去战斗能力，也可以用来形容彻底战胜对方。

（不是）所有的努力都有回报

不要盯着自己的双脚看是否跳对了舞步。只要跳就好了。

——安·拉莫特

天道酬勤。这句话我深信不疑。我相信一个人可以走捷径，可以走弯路，但即使是再弯的弯路，也不是白走的。我知道世界上一定有很多人在日复一日地奋斗着，但是效果甚微。我有过这种感觉，我理解这种感觉，我甚至仍然以极高的频率经历着这种感觉。而恰恰是因为我相信人生没有任何一段路是白走的，所以即使在最黑暗的日子里我仍然咬牙向前蠕动。

截至现在，在大事上我实在是走了不少弯路。初三的第一次化学考试我以 69 分的成绩奇迹般地考了全班倒数第二。那时候虽然不好好学习，但往常成绩勉强还算说得过去。倒数第二实在让我受了点儿刺激。可化学就是让我非常摸不着头脑。我更喜欢数学这种逻辑性很强的学科。当时看来，化学这个东西跟炼丹似的，很不科学。那怎么办呢？使劲学呗……虽然感觉还是没找到门道，但第二次考试居然考了满分。在这种情况下，我也只能硬着头皮继续好好学了，否则我在根本没学明白的情况下蒙了个满分这件事就要露馅儿了。有可能是因为化学是我人生中第一个好好学习了的学科，再加上它虐我甚深，竟导致我斯德哥尔摩综合征发作了，从此对化学爱得深沉。于是大学选专业时在（一贯）不顾爹妈劝阻的情况下选择了化学。事实上，大学毕业之后来美国我也是读化学博士的。

然而我对化学的热情在大学期间其实就没有了。我真的非常讨厌做实验。初三觉得化学像是炼丹其实是没有什么依据的，因为当时的化学实验主要是看老师做，而且往往是一些比较有趣的实验，比如把浓硫酸倒进蔗糖里制作黑面包。写到这儿，不得不道出一直以来心中的困惑了。"黑面包实验"这个名字是谁想出来的？我们一定是对"面包"这个词有着不同的理解。大三大四泡在实验室的日子已经痛不欲生了，读了博士更是如此。可是学了那么多年的化学，实在不知道自己除了继续学还能干点儿啥。

也许是上天听到了我的哀怨，所以"派"了个奇怪的美国师兄给我。他比我大一级，所以理所应当地觉得他应该对我进行领导与指引。问题是有些美国人的基础学科素养实在是令人不敢恭维。美国本科生一般一个学期安排／完成五门课已经是比较多的了，很多人只有三四门课。博士一年级当助教的时候，一个我教的学生听说我大学的时候曾经在考试周用九天时间考了十三门课，吃惊得眉毛都消失在发际线里了。然后这个传说很快传遍了我教的整个班。下一次给他们上课的时候，看到的是一屋子没有眉毛的小朋友。

言归正传，总之这个自觉引导我的美国师兄的理论知识跟我和我的小伙伴们比起来显得有点差劲。但经验告诉我们，有时候人跟自己比会比较幸福。从这个角度来说，相比实验能力，这个美国师兄的理论知识显得就不那么差劲了。同一个反应他做出 40% 多的产率，却发现我做出来将近 90% 的产率，于是认定我实验造假。喂，这位大哥，我们校门口卖糖炒栗子的大妈做出来的产率都得是您的两倍好吗！当然，我没有这么说，只是尴尬而不失礼貌地微笑着。至于我为什么没有这么说，主要是刚出国没多久，骂人带脏字的技能还没有熟练掌握，更不用说骂人不带脏字了。时间久了，这位大哥开始变得暴躁，终于有一天，暴躁到了极点的大哥来到我的实验台把我的瓶瓶罐罐摔了一地。那是我最后一次去实验室，也是我夭折的化学博士生涯的最后一天。

虽然除了化学并无一技之长，天并没有像我曾经担心的那样塌下来。因为退学需要文理学院的教务长批准，所以我约见了教务长大人，准备走个形式办个退学手续回国修自行车或者卖烤白薯。教务长是个和蔼的老奶奶。她坐在我对面眯着眼睛看着我，半天不说话。作为一个单眼皮的中国人，我不需要刻意眯着眼睛就成功维持了小眼瞪小眼的僵局。最终还是老奶奶耗不住了。毕竟我比较有年龄优势，打持久战很可能她打不过我。

"我看了你的成绩单，成绩那么好为什么退学？"

原本只打算走个形式的我没想到还要接受盘问。可我总不能说实验室里有个暴躁师兄吧。于是我只好发挥想象力编故事。

"因为我觉得化学不能帮助很多人。虽然研究新药可以造福人类，但是一般新药是很贵的，普及到大众层面也需要很长的周期。我希望能做点更能直接帮助穷人的事情。"

平心而论，这也不纯属虚构。我年轻的时候确实是想研究出个惊世骇俗、包治百病的仙丹的。但是药物开发周期太长了，等到仙丹问世了，我也成仙了。归根结底是我的功利之心大于耐心吧。

老奶奶听完之后，眼睛一下子回到了正常的大小，于是我们进入了大眼瞪小眼的对视新阶段。

"你去学经济学吧。来来来，我给经济学院的院长发个邮件，你们见面聊一下。"

老奶奶并没有听见我内心的尖叫，草草打发了我，开心地去写邮件了。

走出教务长办公室，我感觉整个人都被抽空了。大学报志愿的时候老爹老妈就想让我学经济学，被我第一时间否定了。一心想当科学家的我是很坚定要和资本主义划清界限的。现在看看，人生真是充满讽刺。

很幸运，经济学院的院长是个日本人，而且是个很传统的日本人，怀着那种一辈子在一家公司里干到老的"日式"忠诚。

"转专业？不，不好。应该在自己认定的专业坚定地走下去！"

"好嘞！"

我欢快地走出了院长办公室。然而教务长奶奶对这次会面非常不满意。

"我又联系了个经济学的教授，他是我的好朋友，你再去找他聊聊。"

这个教授是个美国人，而且是个很传统的美国人，怀着那种人生就是要多体验活出真我的"美式"洒脱。

"转专业？好。很好。你先去数学学院修一些数学课程吧，然后申请个经济学的硕士做个转折。你的背景没法直接申请博士。经济学博士竞争太激烈了，经济学专业的本科生一般都要先读个硕士。"

教务长奶奶认为这次会面很有建设性。爹妈也觉得这个专业的转变令人欢欣鼓舞。他们再也不用担心我炼丹的时候被炸飞了。

好在我一直都不讨厌数学，纯修数学课的那半年过得非常开心。重考了托福和 GRE 之后，在教务长奶奶的力荐下，我成功申请到了杜克大学的经济学硕士，正式走上了资本主义的道路。但因为转专业转得太突然也太被动（纯粹是被教务长奶奶逼上梁山的），我跟很多同学相比，数理基础和经济学基础都相差甚远。这种差距在读博之后格外明显。但是因为我对于逻辑分析能力的热爱，所以博士期间我选的研究方向是微观经济学理论中的博弈论。没错，就是《美丽心灵》那个电影里患有精神分裂症的纳什创立的经济学分支。有时候怀疑自己是不是也有点精神分裂，所以特别喜欢博弈论。

总而言之，我花了六年时间研究博弈论，而不是学习与金融相关的知识。其实在经济学的各个分支里面，微观经济学理论是和金融市场最不搭界的。宏观经济学和劳动力经济学都需要从宏观层面理解经济形势，至少对于宏观的市场分析有所帮助。而计量经济学则可以帮助建立量化分析模型来应用到金融市场中。

说来说去，其实我想说的是我之前所走的每一步跟现在的工作似乎都没有什么直接关系。从我用这么大的篇幅绕着圈子讲故事这件事情本身，你大概也可以看出我是多么擅长走弯路。然而，虽然走弯路看起来很令人感到遗憾，但事实上每一份经历都是非常宝贵的。

炼丹多年收获颇多，小到学会做饭，大到时间规划能力大大提高。说起做饭，其实非常简单，毕竟原料一般无毒，过程一般也不会爆炸，产率一般也是稳定的，放进去十个鸡腿儿出来也还是十个鸡腿儿，除非炖煮过程中有室友路过。

小时候我做事情非常没有条理，经常一件事情做到一半想起来还有另一件事需要先做才可以。如果那时候炖鸡腿儿，比较乐观的情况是万事俱备只欠鸡腿儿，比较现实的情况是万事俱备，鸡腿儿也买好了，可是发现没有锅。而化学实验是需要极强的条理性的，每一步都需要提前规划好，而且也需要学会把一些可以平行运行的事情规划到一起以提高时间利用率。比如在等一个需要四个小时才可以完成的反应的时候，可以用这个时间提纯另一个反应的产物。

如果每一件事情都线性安排的话效率是非常低的。这种合理规划时间的训练使我受益至今。我现在的每一天都过得非常高效，除了安排日常的买菜、做饭、洗衣服等琐事以及工作学习，我还有足够的时间锻炼、冥想，并且自学了德语、法语、日语、西班牙语。除此之外还可以每年听掉一百本左右的有声书（很多时候以两倍速度播放，以至于我自己的说话速度都越变越快）。如果花了六年时间走了化学这个弯路，换来的是我今后的人生每天可以多完成 30%~50% 的事情，那么我觉得这个弯路走得太划算了。

博弈论，这条弯路也没有白走。博弈论的训练让我可以更加深刻地理解股市的波动。比如一些情况下，看起来非常强劲的上涨实际上是个牛市陷阱。而当你早对这个陷阱有所预期的时候，它的如期到来则为你提供了一个绝佳的做空机会。毕竟从某种意义上来说，任何市场都是买方与卖方之间的一场博弈，料敌于先是非常宝贵的能力。如果这本书写完我还没有被出版联盟（存在这么个组织吗？我其实并不知道）集体拉黑的话，也许我会再写本关于日内交易的书。有时候看散户老是赔钱挺心疼的。还是之前那句话，再视金钱如粪土的人总赔钱心里也不会特别舒坦，更何况炒股的人往往对金钱还是有点儿喜爱的。

写这本书的原动力之一是走出象牙塔之后的两年时间里，奇异的工作性质迫使我进行了太多次对自己灵魂的拷问，把一些感悟写出来有助于自己厘清思路。更重要的动机则是希望能为所有还在为自己的或大或小或远或近的梦想努力着的人们打一点点气。也许黎明很快就会到来，也许不会。盲目的乐观有时是一碗毒鸡汤，喝下它，我们自欺欺人地相信现在是黎明前的黑暗。但也许现在的黑暗只是午夜十二点。但值得庆幸的是，无论你所经历的黑暗是午夜十二点，还是凌晨两三点钟，或真的是黎明前的黑暗，总有一些人和你处在同一个时区，与你一起翘首盼望黎明。也许在黑暗中真正可以带给我们慰藉的，并不是那不知何时才会到来的黎明的曙光，而是那些与我们一样不甘于被黑夜吞噬的灵魂。

我认为中国教育的一个比较显著的不足是在我们成年之前，甚至是成年之后的若干年里，几乎不需要去做任何关于人生方向的决定与思考。从小到大，我们需要做的事情似乎很简单——只要好好读书就可以了。小学时代好好读书才能考上好初中。初中时代好好读书才能考上好高中。高中时代好好读书才能考上好大学。大学报志愿之前，一个几乎只知道数理化生（如果是理科生的话）的孩子忽然面临大学选专业的问题。很多孩子可能就听了家长的建议（脑海中飘过老爹老妈的二重唱"看看人家孩子"），"选择"了一个比较热门的，毕业后可能比较好找工作的专业。之后又可以继续做自己擅长做的事情了：好好学习，不去过多地思考将来。似乎好好学习是一切的答案，是一把打开未来世界的万能钥匙。

还记得小时候吗？一群家长带着一群小朋友在楼下玩儿，总会出现某个很无聊的家长问出那个俗透了的问题："你们长大后想成为什么呀？"我不知道你们是不是还记得当时的回答，但我记得。因为娘大人现在还会拿我的回答调侃我。别的小朋友不是想当科学家，就是想当解放军，要么就是当医生。总之个个都是家长所期望的。唯独我想当小学校长。还没来得及让我妈从我这脑洞超群的神回复中缓过神来，我就忙着补刀说："这样的话，我就可以开除我的班主任了。"

撇开我小时候就初现端倪的腹黑不说，"长大后想成为什么"这个问题本身就是有点儿奇怪的——就好像"长大"是个一瞬间的突变。跟十年前相比，我肯定是长大了一些的。而跟十年后的自己相比，我现在还是个宝宝。想成为怎样的人，想做怎样的事情，这些都是可以改变的，甚至是有很大可能性会改变的。从初中到大学，我喜欢酷酷的黑色和各种带有骷髅图案的物体；现在我喜欢宝宝蓝和宝宝粉以及各种带有"Hello Kitty"或者米菲兔的东西。同样的，没有人因为我放弃了成为小学校长的童年梦想而来指责我，小学班主任也在没有被我开除的情况下光荣退休了。常常听人提到"不忘初心"。我是很喜欢这个词的，感觉它带有中国文字特有的一种浪漫。但个人的"初心"可以变，因为我们时刻都在成长变化。

不要怕走弯路，也不要痛惜已经走了的弯路。因为没有任何努力是白费的。天道酬勤。也许酬劳不是我们最初所想的，但我们所有的努力，都会成为未来人生之路上的助力。在这一点上，我可能和乔老爷子有着相似的逻辑吧。乔布斯 2005 年在斯坦福大学演讲时说："You can't connect the dots looking forward; you can only connect them looking backward. So you have to trust that the dots will somehow connect in your future."翻译成中文大概是说："你不能把点点滴滴向前串联起来；你只能把它们向后串联。所以你必须相信这点点滴滴将会以某种方式联系到你的未来。"

吾生也有涯，而知也无涯

我们不能用创造问题的思维来解决问题。

——阿尔伯特·爱因斯坦

之前用了很多篇幅来说任何的努力都不是白费的，现在是时候为这个命题加上一些必要的修饰了。庄子曾经曰过："吾生也有涯，而知也无涯。"庄子接着又曰："以有涯随无涯，殆已！"虽然我们的努力都将以直接或间接而玄妙的方式成为我们未来人生道路上的助力，但毕竟人生道路是有限的，在条件允许的情况下，还是把时间和精力用在刀刃上会更好一点。我坚定地相信人生虽然有弯路，但是没有白走的路。但我同时也认为当我们可以清晰地看到一条通畅的道路指向我们想要达到的目标时，刻意地绕弯路是没有必要的。大家都听过《南辕北辙》的故事。其实如果那个路痴而固执的家伙的车是水陆两栖的，也许绕地球一周之后确实到了楚国，并且顺带比麦哲伦早个两千年证明地球是圆的。但如果到达楚国是他最主要的目标的话，绕地球折腾这么一大圈实在是不划算。

虽然"把力气用在刀刃上"看起来是个非常浅显的道理，但我却常常做与这个道理相背离的事情。换句话说，我常常在并不路痴的情况下，做出南辕北辙的选择。就像在北京坐地铁二号线从西直门到积水潭，我一定要在西直门登上那辆开往车公庄方向的列车。我的这个特点是在被股市反复蹂躏了很久之后才慢慢意识到的。

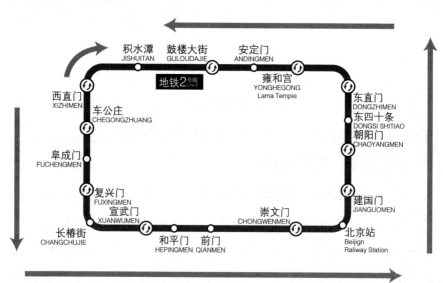

前面提到，我的第二轮绝望来自无论我多么努力地学习和研究股市，我的业绩却不断在下滑，并且似乎出现了努力程度与盈利能力的负相关性。这种负相关性显然是值得引起重视的。就像很多年前南辕北辙的那位大哥。如果我穿越时空给他的马车安装个导航，这位老兄就会发现自己越是努力鞭打可怜的小马驹，导航显示与目的地的距离就越远。这个时候任何一个理性的人都应该停下来用脚趾头思考一下哪里出了问题。

当然，如果这位老兄了解我的腹黑历史的话，也许会得出结论是导航出了问题……相比之下，我比这位老兄要幸运多了。因为我赚了多少钱，赔了多少钱，是再客观不过的事实。越努力学习交易策略，越赔钱，显然该停下来想一想问题出在哪里。然而我并没有这么做。其实恰恰是因为我心里知道是有地方出了问题，我才感到心慌与绝望，而努力学习则是我用来缓解心慌和绝望的麻醉剂。

我的这种盲目想要大力出奇迹的努力方式和知耻而后勇是有着本质的不同的。很多年前被 69 分刺激到进而好好学习化学，可以算是知耻而后勇，因为导致一开始那个不尽如人意的考试成绩的原因是我没有好好学习。那么顺理成章地，解决这个问题的最有效的方式之一就是把落下的功课补上。（另一个比较有效的方式也许是下次考试作弊吧，但是万一同桌也很菜呢？还是靠自己吧。）

但是多年之后我遇到的并不是相似的问题。如果做类比的话，我后来遇到的问题更像是：我考了 69 分。哎呀，太糟糕了，我要好好学习了。好好学习之后再次考试考了 43 分。于是我把整本书抄了十遍，并且倒背如流。下一次考试考了 12 分。如果在这个时候我还没有弃疗的话，我就应该进入福尔摩斯附体模式，停下来搞清楚问题到底出在什么地方了，而不是把书再抄上三十遍。可能经过一番考证，我发现我用的书是盗版的。那么我接下来该做的事情就是进入秦始皇附体模式把书烧了（并接受环保部门的罚款），然后买一本可靠的书好好学习。这是比较具有系统性的科学解决问题的方法。传说爱因斯坦说过一句话："疯狂就是重复做相同的事情却期待不同的结果。"（但也有人说这话爱因斯坦压根没说过。不过这个不重要。我们暂且认为是爱因斯坦说的好了。）

太有道理了。

往事难回首

所有事情都是在教会了我们必要的道理之后才会离开。

——佩玛·丘卓

人往往越是处于焦虑中，越是试图用过度的勤奋来缓解焦虑。帮助我打破这种恶性循环的催化剂是我终于撑不住了，我已经不再质疑自己的能力了，因为我非常肯定地得出结论——我并没有能力。

于是我跟上司说："我真的非常非常努力了，可是效果越来越差，我觉得也许我真的不能胜任。"

上司问我："你把你的交易日记发给我，我来帮你看看到底是什么问题。"

（一脸茫然的）我："我……我没有交易日记。那是什么东西？"

上司无奈地叹了口气，让我自己去网上找模板，从现在开始仔细记录每一天的交易，并且反复分析。我答应了下来。但是我并没有做到。每一天收盘都觉得被自己的交易结果恶心到不行，有一种很强烈的往事不堪回首的感觉。"明天就开始记录。

明天不会像今天这么恶心。今天的结果不具有代表性。"我暗自下决心。就这样，一天天地熬着，我始终没有开始记录我的交易。

进行灵魂的拷问的好处之一就是发现自己做事情的方式永远都是相似的。往往一个人做一件事情的态度就是做所有事情的态度。我现在抵触写交易日记仅仅是高中拒绝准备一个错题本的再现。上高中的时候有老师要求每个同学都准备一个错题本，记录作业和考试中的错题，以备复习的时候用。可我始终都没有一个错题本。每次考试的卷子发下来，我瞥一眼成绩就把卷子团掉了，都不会看看自己哪道题错了。在我看来，一个错题本简直就是把自己的耻辱记录在案。那是一种多么不令人愉悦的存在。当然，当时的那种想法现在看看会觉得很幼稚。知道哪里错了，下次不再犯这个错误不就好了吗！可这么多年之后，我并没有什么长进，我还是在回避直面自己的错误。这种力量强大到给自己营造出了一种乐观的假象：明天会更好！

可是不修正今天的错误，明天凭什么会更好呢？这种盲目而毫无依据的乐观又是一碗毒鸡汤。没错，我们应该相信明天会更好，但更好的明天是我们今天努力创造的，而不是躺平熬到日历翻页就可以奇迹般地翻出一个更好的明天。

再举一个例子来证明我一贯的做事风格都是这样的吧。自从有了自己的第一台电脑开始，我最常做的一件事就是重装电脑。后来又有了智能手机，最常做的两件事就是重装电脑和重装手机。我一旦感觉电脑或手机有一点点变慢了，第一反应不是找出导致它们变慢的原因，而是野蛮重装。我对于简单粗暴的"从头开始"简直有着一种近乎癫狂的执念。这种执念在学生时代的反应就是我特别热爱考试。多数人都是很讨厌考试的，但我在潜意识里会把考试当作一个"新的开始"。期中考试没有考满分，那么我会一天天地盼着期末的到来，下决心要"一雪前耻"。这种执念像极了一个迫不及待等着重新开牌的赌徒。

小时候常常和表姐一起玩游戏，就是任天堂最原始的，有着像素粗糙的《超级玛丽》《魂斗罗》《双截龙》《俄罗斯方块》的游戏机。我可以很自豪地说我打游戏的水平是很高的，应该是个令人向往的队友。可事实并非如此。如果我在开局初期不小心掉了一点血或者操作失误的话，我会非常可预测地进入"自杀模式"——主动地往小怪身上撞，或者跳进悬崖。然后我会满心欢喜地迎接新一局的开始，一个"重新做人"的机会。我现在都没法想象表姐当时是怎么容忍我的。没有在现实世界中掐死我也是人性的奇迹了。

快三十年过去了，我一点长进都没有。在发现我有辞职倾向之后，上司开始关注在长江里呛水的我。他发现我在任何一天中，一旦出现一笔失败的交易，就会中了邪一样进入毫无理性的自杀模式，把已有的盈利全部赔光，然后进入亏损状态，直到亏损达到一定程度之后我才会停止交易。

在上司指出了他的这个观察之后，我终于理解了之前观察到的连续很多天都稳定盈利，感觉棒棒的，然后出现一天雪崩式的亏损这一现象。在我的上司看来，我的这种行为完全无法理解。但我无论多么努力，也没法跳出这个怪圈。无数次的心理建设之后，我还是会因为一笔失败的交易而完全失去理智。我尝试了在屏幕上贴便签，尝试了逼着自己离开办公桌——但所有的这一切都是和那个理智版本的自我所达成的协议。而任何一笔失败的交易都会让那个理智版本的自己不复存在。看着被扯下来撕碎的便签以及踢翻的椅子，我甚至都不能回忆起我是什么时候把提醒自己要理性的便签撕下来的。我强烈怀疑自己是不是传说中有着多重人格的那种人。就像那些某个人格被激发出来之后残忍地行凶，事后又一无所知的人。

不情愿地，我认识到以自己的力量似乎是无法解决这个问题了，于是我试着把对自己的这个观察跟好朋友说。得到的反馈是：认识我十几年了，我对待错误一向都不是想着怎么修改错误，挽回局面，而是破罐子破摔。任何一个小错误我一定要把它放大到无法挽回才罢休。

对于这个诊断我的第一反应是否认。但是越想越觉得我确实……是这样的。在人生的任何一个阶段，我都可以有很多好朋友。交朋友对我来说一直都不是件困难的事情。但是过一段时间之后，我会刻意疏远这些朋友，直到完全没有联系。然后我会再去交一些别的朋友，再次疏远这些朋友，如此往复。而我疏远朋友的导火索往往是某个事件导致我觉得自己的"完美形象"受到了损害。可能看到这，你觉得我有自恋型人格吧。可我觉得恰恰相反，这是一种很深层次的自卑。而我对于任何小错误都不能容忍的性格，看似是对自己严格要求，追求完美，事实上也源于那种深层次的自卑。

　　曾经在一本叫作 *Atlas of the Heart*[①] 的书中读到关于"追求完美"的反思，让我如梦初醒。书中提到，羞耻感是完美主义的发源地。完美主义不是努力做到最好或追求卓越。健康的努力是由内在驱动的。完美主义的外在驱动力来自一个简单却有可能吞噬一切的问题：人们会怎么想？人们会怎么想？这似乎有悖常理，但追求卓越的最大障碍之一就是完美主义。要达到精通的境界，就必须要有好奇心，并将错误和失败视为学习的机会。完美主义会扼杀我们的好奇心，因为我们必须什么都知道，否则就有可能看起来"不如人"。完美主义告诉我们，我们的错误和失败是个人缺陷。因此，我们要么避免尝试新事物，要么在每次不可避免的失败中勉强恢复。

---

① 目前中国大陆还未引进中文版。

江东弟子多才俊，卷土重来未可知

我没失败，只是发现了一万种无效的方法。

——托马斯·爱迪生

本来想把这一部分叫作"如何定义成功"的，但稍微想一想就觉得这个问题被问烂了的程度不亚于"你长大后想成为什么呀"，于是决定改名叫"如何定义失败"。但最后的最后选了个稍微不那么直白的标题。

那么言归正传，我们该如何定义失败呢？以前，我对失败的定义有着很低的门槛。事实上，那时在我眼里，我唯一比较成功的地方大概就是我总能很成功地否定自己，非常全面的那种。搞砸任何一件小事，更准确地说，没有完美地做到任何一件芝麻大点的小事，都会让我坠入自我否定的深渊。开冰箱的时候用力过猛，冰箱门上放着的一瓶调料由于惯性而翻倒下来，被我眼疾手快地接住。我非但不会为自己空手接白刃般高超的武艺和反应速度扬扬自得，反而会在脑海中进行如下独白："这么高的瓶子你放在冰箱门上本来就很危险。为什么这么没有忧患意识？而且你为什么干什么事情都是急急火火的，开个门也非要开这么快？"下一秒钟，大脑又会翻出旧账："两个月之前你买酸奶回来忘了放冰箱里了，你还记得吗？脑子干啥使的？我就说嘛，你这个智商基本可以告别冰箱了。"

读到这，你也许会觉得我一定是在一个非常苛刻的家庭环境中长大的。然而事实却恰恰相反，我的成长环境非常宽松，家长对我调皮捣蛋一直非常宽容。还记得高中的时候有一次忘记因为什么事把一向慈眉善目的语文老师气得从弥勒秒变哼哈二将，下课之后语文老师夺门而出直奔班主任的办公室。我悄悄尾随，想提前看一下接下来将在自己身上发生什么。语文老师气鼓鼓地说："得请家长！这孩子管不了了！"班主任一声长叹："算了算了，别请家长了，请了也没用。"我当时还挺奇怪班主任怎么一口咬定请家长也没用，多年之后才得知，我好几次被请家长了自己都不知道，因为老爹老妈回家根本没告诉我。

在跟心理咨询师深入讨论了这个问题之后，我意识到，也许恰恰是家庭环境太过宽松了，所以在我慢慢懂事之后，自我营造出了一个严厉的家长型人格来时刻对自己的行为做出批判。在那重人格眼里，无论怎样，我都不够好。因为大学是保送进入的，我比多数人都更早地拿到了录取通知书。虽然化学是我当时执意要选的专业，但是看着录取通知书上的"化学与分子工程学院"几个字，我心里既没有因为这么早就收到了录取通知书而欣喜，也没有因为顺利进入自己选择的院系而满足，而是因为"化学与分子工程学院"听起来不如"光华管理学院"高大上而感到愤懑与自卑，就好像填报志愿的时候把人家光华管理学院放在第四志愿的不是我自己一样。这种人格分裂简直不可理喻。一方面，我是个极其向往自由的人，不在乎任何人的目光，率性而洒脱地活着。另一方面，那个严厉的家长型人格又在不断地向我呐喊："你看看人家孩子！"在这两重人格的较量下，那重"孩子型人格"变得更加叛逆，更加反感一切的规则与寻常路；而那重"家长型人格"则变得更加苛刻以及容易沮丧。

我至今仍认为严于律己是一种很好的品质，但我在慢慢学习区分有建设性的严于律己和毫无建设性的对自己苛求甚至自我否定。在美国生活多年，我对于美国的鼓励式教育不能完全赞同，但不得不承认，很多时候我还是很羡慕美国人的那种无论多受挫都坚定地相信自己"棒棒哒"的乐观主义精神。读博期间和一个高年级的英国人共用一个办公室，爱吐槽的英国小哥哥有一次一边吃着薯片（传说这是他唯一觉得美国很优秀的方面，美国人很会做薯片）一边说："我真是太受不了美国人了。我周末去看美国室友的比赛。在比赛之后安慰他说输了比赛没关系，他的表现很优秀。但是美国室友一下子就恼火了，一字一顿地告诉我，他没有输——他只是没有赢。"讲到这里，英国小哥哥的蓝瞳孔消失在了上眼睑之后。

哈哈，这确实太"美国"了。

但是这种思维方式很值得借鉴。我不是指我们要学着自欺欺人，学着玩儿文字游戏般地跟自己说："我没有失败，我只是没有成功。"然后开心地把这件事情画上一个句号。

说到这儿，语文老师终于欣慰地点点头，说："写作文要扣题。"

那么什么是成功，什么又是失败呢？我不想上升到哲学的高度来讨论怎样从人生的角度去定义成功。我只想从很微观的层面去讨论很狭义的成功，比如我们有一个很明确的目标，然后把达到这个目标作为成功的标准。这样说来，成功的定义似乎毫无疑义了。那么失败呢？没有成功就是失败吗？非也，非也。如果说成功的标准是我们达到了目标，那么失败的标准不是我们没有达到目标，而是我们停止了尝试。这是失败的唯一标准，也是失败的唯一方式。而停止尝试，可以是主观的，也可以是客观的。

举个例子来说，比如我们的目标是考上清华。第一次高考被北工大录取了。到这里，我们没有成功，但我们也没有失败。如果我们决定去北工大了（个人认为这是个不错的选择，北工大真的挺好的），那么就我们想上清华这个目标来说，我们失败了。或者我们决定不去北工大，既然上不了清华，那到清华门口卖烤肠也不错。毫无疑问，就我们想上清华这个目标来说，我们同样失败了。如果我们选择了继续备考，来年再战，那么我们就没有失败，至少现在还没有。第二年也许我们考上了清华，也许没考上。失败与成功的定义和第一次是一样的——考上了就是成功了，没考上的话只要第三年还要继续考，那么我们就没有失败。如果国家为了避免范进中举一样的事件重演，规定每人只能参加三次高考，那么如果三年我们都没有考上清华，这个时候我们确实是失败了，因为我们出于客观原因不能继续进行尝试了。在不存在客观约束的条件下，失败的唯一方式就是自己主动放弃。

说到这里，我实在克制不住自己想提一下马斯克的冲动。

我是非常敬佩马斯克这个人的。这不排除我对于比我还神经兮兮的人有着天然好感的可能性。2024 年 3 月，SpaceX 的星舰第三次试飞又炸了。星舰计划失败了吗？没有。因为还会有下一次试飞。只要在主观上马斯克没有放弃星舰计划，在客观上 SpaceX 没有破产，或者马斯克没有因为天天在推特上乱说话而被人掐死，那么星舰计划就不会失败。

人生大概就是如此，我们可以选择无欲无求地躺平，也可以"跟自己过不去"地制定一个又一个有挑战性的目标。我不认为这两种人生态度本身有任何优劣与对错之分，毕竟每个人的追求不一样。但是在每个跟自己过不去的，每翻过一座山都会环视四周去寻找下一座想要征服的高峰的人的一生中，都会有很多常人眼中的"失败"。而这些"失败"并不是真正意义上的失败，只要他们没有选择停下脚步。

在重新定义了成功与失败之后，我的生活态度发生了很大改变。此前，我是非常追求完美并且非常恐惧失败的。当然，这里所指的"失败"是在我改变定义前的那种失败。恐惧错误定义下的失败所导致的结果是在我不惜一切代价避免它们的同时，选择停止尝试，从而自我实现了正确定义下的失败。

小时候我下象棋下得挺不错的，经常把姥爷以及天天聚群在楼下切磋棋艺的老爷爷们杀得片甲不留。当时觉得自己可厉害了。直到有一天跟着父母去和几个老爹当年在北大的同学一起喝茶。聊到我下棋下得不错，一个叔叔主动提出来跟我切磋。下了三步我就哭了。这不是修辞，也不是艺术夸张。我清楚地记得当时特别努力地想忍住眼泪，但眼泪就是啪啪地往下掉。仅仅三步，我就知道我输定了。水平的悬殊实在是太大了。说起来可笑，不到十岁输掉的一盘棋，让我至今没有再碰过棋子。长大之后想想当然觉得荒谬至极。现在让我下注在一个只跟几个退休老头儿下过几盘棋的几岁大的小屁孩和一个在北大下棋都小有名气的才子之间，我当然也会下注在后者。而我自然也丝毫不会觉得这个小朋友输了棋有什么可丢人的。可那个小朋

友偏偏不这么想。为了避免以后再输棋，小朋友选择的不是精进自己的棋艺，而是不再下棋。是啊，不再下棋当然不会再输棋，多么"天才"的解决方式。

阻止我们获得成功的，往往不是外界因素，而是来自我们自己对于错误定义下的失败的恐惧。既然在是否真的失败了这件事情上，我们有着不小的发言权，那还是大胆去尝试吧。躺平了太久，永远不会知道我们站起来会有多么高大。小时候对"至今思项羽，不肯过江东"有着很强的共鸣，觉得项羽果然是个盖世英雄，铁血男儿。但是项羽的死并不能换回那八千江东子弟的性命啊。如果八千子弟被刘邦俘虏了，刘邦拿着大喇叭喊："项羽啊，你自杀了我就放他们回去种田喝酒打麻将。"那我觉得项羽自刎也许确实可以算是个英雄。但相比损兵折将之后无颜面对江东父老而选择自刎而言，我更希望西楚霸王可以忍辱负重，重整旗鼓，夺了天下以慰藉那死去了的兄弟们。越王勾践，看似憋屈，却是真英雄也。

死不认错

我们只有敢于冒险，生活才能变得更好。

我们首先要承担的最大风险，就是变得诚实。

——沃尔特·安德森

重新定义了成功与失败之后，我对失败的恐惧减小了许多。但很遗憾的是，具体落实到行动上，我的交易成果并没有什么提高。和以前一样，我继续扮演着真人版的小学一年级奥数题里的那只蜗牛。对，就是那只悲催的想从井里爬出来的蜗牛。白天往上爬三米，晚上往下滑一米的那只。只不过我比这只蜗牛更悲催一点，我更像是白天晚上不间断地往上爬，每天爬两米，几天之后太累了想休息一下，一觉醒来发现自己又在井底下趴着呢。所以我自认为很深刻的对于灵魂的拷问还是没能成为我惨不忍睹的职业生涯的救命稻草。唯一值得庆幸的是，我这一次成功自我洗脑了在我不放弃挣扎，并且不被公司解雇的情况下，我的职业生涯就没有结束，我也就还有扭转乾坤的机会。那么问题来了，我到底要怎么样才能扭转乾坤呢？

研究了一下我的交易记录之后，我的上司吼叫着给我打了个电话。"你为什么不止损呢？你为什么非但不止损，而且还要把仓位加大呢？你这种行为非常不专业。这是散户的普遍行为。"其实说白了就是，如果我在 100 美元一股时买了只股票，那么我的购买原因势必是我觉得这只股票的价格从此会高歌猛进。可是在缓慢蠕动到 100 美元出头之后这只股票忽然掉头回落，那么在价格跌破 100 美元的时候我应该选择止损，也就是卖出这只股票。可能在 99.5 美元，也可能在 99 美元，或是什么别的价格。具体止损价格取决于对于之前价格趋势的分析或者个人风险承受能力。但无论止损价格在哪里，作为专业的股票交易员，止损是必要的。这听起来简单直白，但是止损是所有交易员心里必须迈过去的一道坎，因为止损这件事情本身是违背人类本性的。

如果你有炒股经历，那么我相信你肯定会在看着自己持有的股票赔得一塌糊涂的时候产生一种想买入更多的冲动。这不是明摆着的吗？我 100 美元买的时候觉得它应该更高。现在它 90 美元了，九折啊！买买买，不买是傻子。过了一段时间再看，发现同一只股票现在五折了。长叹一口气。我卖个肾再买点吧，这样我的均价就只有 70 多美元了，涨到 80 美元我就卖。

这其实是散户特别容易赔钱的一个原因。股市的生存法则和我们熟悉的日常生存法则相违背。在日常生活里，那种"我平时买这打鸡蛋 10.99 美元，现在它打折到 8.99 美元了，我要买两打"的思维方式是完全没有问题的。有问题的也许是我们的胆固醇。如果这本书写在疫情期间美联储疯狂降息放水之前，那么例子将会是"我平时买这打鸡蛋 7.99 美元，现在它打折到 5.99 美元了，我要买两打"。唉，万恶的通胀啊。

但是在股市中，如果你因为在 100 美元一股买入股票，认为它应该会涨到 120 美元，而事实上股票涨到了 101 美元就没有上涨的劲头了，反而开始掉头下跌，那么你应该毫不犹豫地卖掉这只股票。不要惋惜如果早卖一点这笔交易还能赚点小钱，也不要惋惜现在卖的话本来能赚一点小钱的交易变成赔一点小钱了。更不要去祈祷等它再涨一涨，又变成赚一点小钱的时候你一定卖。记住，你买入的原因是你认为股票会在此开始强势上涨。而当它用行动告诉你它没有强势上涨的时候，你当初买入和持有这只股票的原因就已经不复存在了。至于你卖出的时候是赚一点小钱还是赔一点小钱，其实都不重要。因为这一点或赚或赔的小钱跟潜在的利润或损失相比，是无足轻重的。

我曾经因为 1 美分的差价没有成功卖掉一只股票。我本来有将近 1000 美元的利润，结果我不愿意接受 1000 美元缩水成 900 美元的事实，在股票已经开始下跌，并且我心里认为该做空这只股票的情况下，死攥着我的仓位，看着利润缩水到肉眼不可见，进而变成赤字。在这种情况下我还没有止损，反而抱着清仓大甩卖的心理加倍了自己的仓位。看着赤字越变越大，我的思考能力毫无悬念地跑路了，我又硬着头皮加大了仓位。心里想着稍微涨一点我不赔钱了就卖。我已经顾不上去贪心 1000 美元还是 900 美元的利润了。我不需要任何利润。我只需要不赔钱。最终那笔交易的结果是收盘的时候，这只被我两次加倍仓位的股票一共赔了 7000 多美元。更糟糕的是，由于这只股票占据了我所有的精力和情绪储备，我没有去关注市场中所存在的任何其他机会。在某个我成功卖出了那只股票的平行宇宙中，可能这笔交易的 1000 美元利润我成功拿到了，并且当天还会有至少四五个同样成功的交易。

我清楚地记得那天收盘之后我砸了显示器，并大声咒骂着这一切都是因为一开始那 1 美分的差价。那时候还是太年轻啊！我认为，一个人不成熟的标志之一就是把自己的失败归咎于各种外在因素。1 美分的差价没有成功卖出去，固然让人闹心，但是我有无数的机会捍卫自己的胜利果实。可实现的利润比我预想的也就差十几美元、几美元甚至几十美分。最终导致我从盈利到不成比例的亏损的，不是那 1 美分的差价，而是我自己的非理性行为。我可以去砸显示器，把这笔交易的损失再间接放大几百美元，认为自己的运气糟糕透了，然后在下一次再因为几美分没有达到我的目标价格的时候再重复同样的行为，把盈利变成不成比例的亏损，并且再砸一个显示器。然而这对我个人而言有什么帮助呢？

我觉得谁都有运气好一点和差一点的时候，整体来说是均衡的。有些人对负面经历的记忆比较深刻，也比较爱抱怨，所以这些人给别人的印象在运气上可能更差一点点。相反，有些人比较乐观，对运气好的事情印象比较深刻，给其他人的印象可能是这些人更幸运一些。但在很多事情上，决定最终结果的并不是运气本身，而是当事人的反应。有些人，包括我自己在内，很擅长把一个鸡毛蒜皮的小不幸放大上演成一个非常悲催的结局。也有些人可以在面对同样的小不幸，甚至是更大一点的不幸的时候，仍然努力去做好自己所能做的部分，最终获得一个挺不错的结果。这样想想，人生真的蛮神奇的。有多少人明明抓了一手好牌，却在打烂之后抱怨运气不好。又有多少人拿着一手烂牌，却偏偏可以点石成金。人生的悲剧或许不在命运多么不公，而在于习惯性地抱怨着命运不公，而从不想想有什么是自己可以改进的。在故事的最后，即使收获了全世界的同情，又能咋样呢？

写到这儿，我发现自己又毫无悬念地跑题了。来，我们回归止损的问题。止损在心理上主要有两个原因。第一个原因是人类归根结底还是有一点点乐观倾向的，对未知的事情会抱有一些幻想——我不卖的话，兴许能涨一点儿，我就不赔钱了呢？而止损卖出的话这种全身而退的可能性就不复存在了。我们怎么忍心亲手把小幻想扼杀在摇篮里呢？毕竟，它是那么懵懂无知。很具有讽刺性的是，真正懵懂无知的，其实是抱有侥幸心理的我们。第二个原因是更有点哲学味道的，值得更详细地展开一下。

想要长期获得比较理想的结果，我们需要意识到的一点是，正确的行为有时候可以导致看似不好的结果，错误的行为有时候也能带来看似不错的结果。但这些小概率事件的发生不应该成为我们改变行为的原因。举个简单的例子，看到红灯要刹车是正确的行为。但也许在某一次停车之后，在后面开车的愣头青要么在玩儿手机要么把刹车当成了油门，不管是什么原因，总之结果是我们遵纪守法地停车之后被追尾了。

一件事情的结果很少是仅仅由我们可控的因素决定的，毕竟世界充满了随机性。但看到红灯停车仍然是正确的行为，并且是我们在未来应该继续遵守的行为。也许，没错，也许，这一次我们闯了红灯，因为红灯和绿灯切换之间的时间差，我们不会被垂直方向的车流撞上，也避免了被追尾。在没有被闯红灯拍照的情况下，这个结果似乎好过被追尾的结果。但是可以肯定，如果我们长期重复闯红灯这个错误的行为，更糟糕的结果的发生概率是很高的。

回归到股市中，也许在某一次，我们没有止损，而股票确实也反弹了一点点，让我们成功地全身而退，甚至赚了一点小钱。但是这个看似皆大欢喜的结局是非常危险的。因为它创造了一种错误的反馈机制：不止损是可以的。雪上加霜的是，在我们对未来抱有侥幸心理的时候，大脑会积极调度出所有支持我们这种侥幸心理的证据。"上周五我没止损，把电脑关了去跑步了，回来之后股票又涨回来了。"或者是，"我昨天止损了，然后就没再看这只破股票了。结果你猜怎么着？收盘的时候这只股票比我的止损价高了好多！"面对"确凿"的证据，我们看着正在变大的赤字和清仓甩卖的股票，似乎不那么焦虑了。直到赤字变大到了一定程度，财务上的打击所带来的痛苦已经大于扼杀希望小火苗的痛苦，我们才绝望地卖出股票。但此刻的卖出已经不是止损了。因为损失已经超出了我们的预期，甚至是承受范围。

讨论了导致交易员不能及时止损的两个主要原因之后，我需要补充的是，阻止我止损的，这两者都有，但罪魁祸首并不是它们中的任何一个。对我来说，最大的坎是承认我错了。我买入了股票，因为认为它会大幅上涨。如果它没有上涨，那么我就是判断错了呀，没啥可说的。可认错对我来说真的特别难。这一点和我之前提到的对于失败的恐惧其实有着同一个根源。

"成长型思维"的理念由斯坦福大学的心理学教授罗尔·德韦克（Carol Dweck）于 2006 年提出。德韦克教授把人的思维方式分成"成长型思维"和"固定型思维"两种。如果一个人的思维是固定型的，那么这个人相信天赋是与生俱来的，再多的练习也不会帮助提升；相反，如果一个人的思维是成长型的，那么这个人相信天赋只是个起点，而练习则会让一切都变得与众不同。

德韦克教授写的一本书叫作《思维方式：新的成功心理学》（*Mindset: The New Psychology of Success*）。我强烈推荐大家有时间去读读。没有时间的话就二话不说把我这本书扔一边，去读那本书。那本书对我人生所产生的影响是极大的。这是广泛阅读的好处之一，指不定哪本书的哪句话就产生了一语惊醒梦中人的效果。毕竟我们活在世上能亲自经历的事情是有限的，即使有着极大的举一反三的能力，在这非常有限的经历中，我们能产生的感悟也是有局限性的。而一本好书可能凝聚着某个作者一生的智慧。从这个角度来说，读书真的是一件超级划算的事情。

嗯，我好像又跑题了。

回归正题，我之前的思维是固定型的，而且是超级坚固的那种，就像用了高露洁的海狸先生的牙齿。冒着有点儿（或是非常）厚颜无耻的嫌疑，我承认我似乎是有一点点聪明的。从小我就很贪玩儿，但是考试总是考得很好。搞得很多家长都不愿意自己家孩子跟我一起"鬼混"，因为天天跟我一起玩儿的小伙伴们的成绩总是在下滑。老爹老妈也常常回忆在我很小的时候骑自行车带我出去，路上会教我背诗。我大字还不识呢，更不知道那些绕口的诗句是什么意思，但听上几遍就背下来了。总之，从小到大，老师家长和同学们从来不吝惜对我的脑子比较好用这件事情的赞美。脑子不笨，其实这本该是件挺幸运的事，但脑子不笨加上固定型的思维方式，就成为了进步和成功的死敌。

小学学的那点儿东西，不需要多聪明多努力就可以考得很好。初中、高中的知识难度稍微大了一点，但也不需要太聪明太努力就可以搞定。所以我仗着聪明，天天只玩儿不学，从小学到高中混得都还说得过去。上大学就不是那么回事了。特清楚地记得大学还没开始上课呢，一个同学呜呜地哭得伤心。我赶紧问怎么了？同学说她数学不好，感觉特别焦虑。我尽心尽力地安慰了人家半天。后来知道这位小姐姐所谓的"数学不好"，背后的故事是她高中物理竞赛全国一等奖，化学竞赛全国一等奖，生物竞赛全国一等奖，只有数学竞赛拿了个二等奖。哎哟，我当时那个肝儿疼啊。

总之，上了大学之后，周围的每一个人在"天才＋努力"这个套餐上的分量都比我大得多，而且毕竟大学课程的难度和高中是量级上的差别。所以我天天只玩儿不学习的结果就是成绩并不非常理想。我看着七八十分的成绩自己心里也很不爽的。但是每次想好好学习的时候脑子里就会出现老师家长同学的大合唱："哎呀，你就是不爱学习，你但凡花一点儿时间学习，成绩肯定比谁都好。"这个大合唱没有让我获得无穷的动力与信心，而是吓得我一下子合上书本。听说最近新开了个网游不错，我去申请个账号吧。我心里的恐惧在于，我的七八十分可以用我不学习来解释。但万一我真的学习了，甚至努力学习了，还是得了七八十分，那怎么办呢？那说明了啥呢？说明我不聪明呗。于是，大学四年，在周围的人都在奋力奔跑的时候，我站在跑道上徘徊不前，只是偶尔缓慢溜达几步。生怕跑起来，头上那顶写着"聪明"二字的帽子会被吹飞。

美国的一个不怎么有名的总统（不是跟特朗普比起来不怎么有名的那种，而是确实不怎么有名）卡尔文·柯立芝（Calvin Coolidge）曾经说过："Nothing is more common than

unsuccessful men with talent."——没有什么比不成功的天才更常见的了。(可能因为那个年代还没有麦当劳。)经常听到一个传说，就是学生时代大家公认的，班里很聪明的那几个孩子，长大后往往没什么成就。我有时会想，是不是因为这些人在长大的过程中都在努力按住那顶很早就被扣在自己头上的聪明的帽子，而选择不去奔跑冲刺呢？

我也不知道是从什么时候开始陷入了一种"聪明和努力是不兼容的"认知误区的。似乎高中的时候班级里就有这种奇怪的文化。有人明明晚上熬夜刷题，却第二天黑着眼圈跟同桌说："哎呀，又熬夜看球没睡觉。"从某种意义上来说，国内的教育，至少我所接触到的教育和价值体系中，固定型的思维方式是多过成长型的思维方式的。其实这几年流行的"拼爹"文化也多多少少受这种思维方式影响。好像富二代比富一代听起来更炫酷一点。无论是聪明、漂亮，还是富二代，投胎技能在一些人的价值观里占了很大的比重。

我还记得刚出国的时候有一次在电梯里看到一个很漂亮的小女孩。我跟小女孩的家长说："你的女儿真漂亮。"家长听了挺不高兴的。我的第一反应是：难道我看上去像是对某个年龄段的小朋友有着奇怪癖好的人类？我带着不解把这个经历说给了当时实验室里特别喜欢给我和另一个中国留学生普及美国文化的美国原生大师姐。她说一般家长不喜欢别人夸自己的孩子漂亮、聪明，因为这些都是天生的。你如果夸这个孩子会选衣服、努力，或是有爱心，家长会很高兴的。那其实应该算是我第一次接触成长型思维方式，只是我并不知道这个概念，美国原生大师姐也并没有从思维方式上进一步分析这个问题。

让我不再死死按住那顶聪明的帽子的转折点出现在我读硕士的最后一个学期。当时为了在申请经济学博士的时候显得自己的数学很硬核儿，我硬着头皮去修了数学系博士生的"实分析"课程。任课的教授不是个秃头老爷爷，而是个年轻的美女。这已经让我有点惊讶了。更惊讶的是，任何一个人在课堂上提出任何一个问题，美女教授都不需要思考地转身就在黑板上一口气写下半黑板的数学证明。这种证明能力真的是让人惊掉下巴。因为高等数学的证明本来就比计算要难很多。甚至有的时候考试两个小时，内容只是一道证明题。

巨大的好奇心让我去"人肉"了这个教授。结果让我好不容易安回去的下巴又掉到了地板上。美女教授出身豪门，家族出过美国总统。她从小是从家庭教师那里接受教育的。四岁的时候我在楼下抓土玩儿，看《西游记》和《葫芦娃》。人家四岁的时候在读莎士比亚的著作。她成年之后读的第一所学校是普林斯顿大学，并且在毕业的时候作为毕业生代表进行了演讲。普林的毕业生代表……学术上的能力再描述下去我要自卑得钻进地缝里去了。所以，说说学术之外的好了。美女教授是专业级小提琴手，是达勒姆（Durham，杜克大学所在城市）交响乐团的首席。偶尔数学研究累了，溜达着去开个独奏会消遣一下。在采访里美女老师提到，她从小就四点半起床学习各种功课，现在仍然保持着每天工作至少十四个小时的习惯。

那一刻，我的人生彻底改变了。不是因为下巴掉到地上找不到了，而是因为一个智力、相貌、出身全都优于我的人竟在努力程度上更加凶残地碾压着我。我真的没有不努力的理由或是借口了。就像我之前说的，躺平了太久，我们不会知道站起来会有多么高大。说一句补充的话，即使站起来并不怎么高大，但也是比躺着的时候高大的。还是站起来吧，亲，真的好于一边躺在地上，一边嘴上喊着："我站起来的话比你们谁都高。"从那以后我变得努力了，而且是真的很努力。我还记得听到读博之后新认识的一个小伙伴说她觉得我是个工作狂的时候，我那种发自内心的欣喜。那种满足感是从小被人夸聪明的时候从没有经历过的。聪明的帽子是莫名被扣在我头上的，而努力，甚至是工作狂的帽子，是我一针一线缝出来的。它是那么珍贵。

读到这，你可能在想，好吧好吧，要努力。但这跟认不认错有毛线关系啊！这个其实就像是病和症的区别。之前说的不努力是因为害怕万一努力了，结果却不尽如人意的话，那就丢掉聪明的帽子了。这是固定型思维方式在作祟。所以不努力是个症，而病因在固定型思维方式。同样地，不认错也是固定型思维方式这个病的症状之一。这种逻辑方式是这样运行的：我觉得一只股票将要大涨，所以我买入了。股票没有大涨，所以我判断错了。我判断错了，所以我是个很糟糕的交易员。对于一个交易员来说，没有什么比承认自己是个很糟糕的交易员更悲催的事情了，甚至赔钱都比前者要好一点。（好吧，事实上，有那么两三次我确实赔钱赔到如果证交所把我赔的钱还给我，让我去弄个"我是个糟糕的交易员"的纹身我都很乐意。）

但这种固定型思维方式是要不得的。首先，从逻辑上来讲，一次错误的判断并不能说明一个交易员的技术有任何的欠缺。股市本身就是个概率的游戏，价格的趋势永远不可能被准确预测。所以哪怕是分析技术再高超的交易员，也难免有错判的时候。其次，更重要的是，就算是分析技术真的还非常有待提高，那又怎么样呢？成长型思维和固定型思维的区别就在于，后者认为一个人的某种属性是无法改变的。如果我现在是个糟糕的交易员，那么我这辈子就是个糟糕的交易员了，因为我天生就不适合当交易员。句号。其实很多想法，一旦说出来或者写出来或者打字打出来，都会让人觉得荒谬至极。但是在准确地把这种想法提炼出来之前，我们却往往将其奉为真理。止损之所以对我来说那么困难，有很大一个原因是止损的那一刻，我好像在很正式地向全世界和自己宣布，我生是个糟糕的交易员，死是个糟糕的死交易员。唉，就好像不止损我就是个优秀的交易员了一样。实际上，不止损所导致的无声的宣言是，我生是个糟糕的穷交易员，死是个糟糕的死穷死穷的交易员。

天空不是极限，你才是

不要让你自己的想法成为你最大的敌人。

——莱尔德·汉密尔顿

英文鸡汤中有一个固定用语，叫作"The sky is the limit."。字面翻译过来就是"天空是极限"，一般用来表达一切皆有可能，或是没有什么可以阻止你做或你想做的事情。我觉得这句话的另一种更现实的表达应该是"The sky is not the limit. You are."。也就是说，甚至连天空都不是极限，限制我们所飞行的高度的，往往是我们自己。

一个人给自己的飞行高度设限制的方式可以有很多种。一种比较常见的是对于"我不行"的执念。当然，"我不行"往往不是我们故作谦虚，说出来给别人听的。实际上，越是真不太行的人越是不爱跟别人承认"我不行"。这是人类的本性吧。自负的人往往是自卑的。我们往往过度补偿式地向外界展现我们拥有很多我们内心上觉得缺失的东西。就像是长期经历过物质条件不太宽裕的生活之后的人，会更容易把闲出来的钱用在购买奢侈品上；从小物质条件优越的人反而很自得地穿着优衣库满大街溜达。

之前提到我在读硕士期间觉得自己肥得流油，然后立志减肥。处于肥胖期的时候，我走在路上特别喜欢盯着其他人的身材看。对那些比自己还要再圆润一些的人甚至有时会抱有比较批判的态度。很奇怪的是，在我瘦身成功之后，我不但对其他人的身材不再关注了，对一些胖嘟嘟的人反而很有好感，觉得他们看起来很圆很可爱。

其实也恰恰是这段经历，使我每次对其他人的行为、做法或是想法产生批判性态度的时候，都会警觉地进行自我反省。因为我知道，高人一等的优越感往往诞生于低人一等的自卑感。如果我觉得某个人太吝啬，那么这种想法所折射出的，其实是我内心深处的吝啬；如果我觉得某个人太虚荣，那么这种想法所折射出的，其实是我内心深处的虚荣。

刚刚不小心幻听到了来自地球另一边的语文老师的怒吼："你又跑题了！"也许不是幻听。我对语文老师的嗓门儿还是有信心的。跑题这个事儿也怪不得语文老师生气。我确实是个惯犯了。高考一模的语文作文题是根据一个小故事来写感想。这个故事的大意是：有一只悲催的小鸟在冬天又冷又饿躺在地上，马上就要冻死了。这个时候有一头牛路过，一坨牛粪掉在了小鸟身上。牛粪的热量温暖了小鸟，结果小鸟就没被冻死。

比较优秀的范文的写作思路大概是两个流派吧。其中之一从牛的角度出发，说有的时候，我们的无心之举可以对别人产生很大的影响。这个想法我非常赞成，但我不知道怎么把这么浅显的一个事实写成一篇 800 字的作文。另一个流派是站在小鸟的角度，说很多时候大家觉得是坏事的事，在一些情况下也可以是好事。比如正常情况下被一坨牛粪扑下来，小鸟应该挺不高兴的。但在饥寒交迫的时候，这是救命的。这个流派颇有禅意，我喜欢。但我的不解之处在于在正常情况下，一个精神与躯体都很健全的鸟怎么会被牛粪扑到？我想给鸟拍个照都拍不到。

总之，这两个流派都很受语文老师的推崇。你是不是在好奇

我怎么写的？其实我真觉得我写得挺好的。作文题目中明明说了"文体不限，诗歌除外"。要是没有"诗歌除外"这四个字，我可能就皈依第一个流派了。"啊，你那无心之举啊！"写完了。省下来五十分钟提前交卷去打球，挺好。但我好好审题了呀，所以诗歌排除了。想来想去，我写了个说明文。小鸟不是被牛粪的热量温暖了吗？那是因为牛粪是热的呀。大冬天的，牛粪为什么是热的呀？因为牛是变温动物啊。所以我就写了个关于恒温动物和变温动物的说明文，一边写，一边脑子里是给《动物世界》配音的赵忠祥叔叔的浑厚的声音。作文满分 60 分，我得了 27 分。时隔多年我还觉得很冤。

祸不单行。这是先祖的智慧。那次一模考试的英语作文我也跑题了。英语作文是个看图作文。画面上是几朵花和几个拎着小篮子准备采蜜的小蜜蜂。其中一只小蜜蜂上面飘着一个对话框，说："这些花没有蜜。"我就不理解了，为什么全班同学都成功悟出了那些花是假花。于是大家齐刷刷地从环保的角度写了个小作文，颇让出题人欣慰。可我就没有这种悟性。我叼着圆珠笔来回来去研究这个图，想：为什么这些花会没有蜜呢？终于，我灵光一闪！图里面有 4 朵花和 6 只小蜜蜂！一定是蜜蜂太多了，花蜜被采光了呗！于是我从人口膨胀角度写了个作文。

马尔萨斯①爷爷可能在坟墓里欣慰地笑了。英语老师比语文老师还残忍。满分30分的作文我得了6分。但这个我心服口服。因为英语老师准确地指出，图里有7只小蜜蜂，不是6只。

好了好了，回归"我不行"。我这里所指的"我不行"，是那个藏在我们每个人心灵深处的声音。我们对于世界的认知主要基于我们自己的直接经验和从别人那里听到的间接经验。间接经验是很宝贵的。这个有点儿像我之前安利②过的阅读的益处。毕竟，直接经验是非常有限的，而且有些直接经验可能直接导致我们没有再产生其他直接经验的机会了。比如别人告诉我们"从三十层跳下去是不妥的哦"，我们暂且还是相信了比较好。但间接经验比较灰色的地方在于，我们很难区分我们所获取的这份间接经验是"从三十层跳下去是不妥的哦"还是"天圆地方"。

一般情况下，使我们质疑已经接纳的间接经验的事件要么是直接经验，要么是其他的与之矛盾的间接经验。但在某个间接经验已经先入为主的情况下，它往往是限制我们去获得直接经验的。所以挑战或是推翻这类间接经验的直接经验往往是被动的。被动的直接经验可以是我在下一次跑题的时候被语文老

---

① 马尔萨斯主义认为人口呈指数级增长，但是食物和其他资源呈线性增长。一旦农业生产速度跟不上人口增长速度，就会发生饥荒或战争，进而导致贫困和人口减少。这个预测被称为马尔萨斯陷阱。

② 在网络用语中，"安利"指的是向别人推荐某个事物，比如一部电影、一本书、一个品牌等。

师从三十层扔下去了，结果我活蹦乱跳地回到书桌前继续跑题。这无疑会动摇我对"从三十层跳下去是不妥的哦"这个间接经验的信任。"天圆地方"当然也可以通过直接经验来推翻。比如有着水陆两栖座驾的正在南辕北辙的大哥，没有走着走着到了世界的尽头然后"嗖"或者"扑通"（或者脑补任何你喜欢的拟声词，但最好是坠落相关的。"喵"在这里就不是特别合适）地一声掉下去。

事实上，直接经验也可以发生得不是那么直接。比如在我跑题的时候，语文老师太愤怒了所以没对准，把我同桌从三十层扔下去了。结果同桌活蹦乱跳地回来打我。这也可以算是我的直接经验，因为这是我的直接观察，而非道听途说。如果把这种直接观察排除在直接经验之外的话，量子物理学家们可能就要抓狂了。毕竟他们很难把自己或者自己的同桌塞进强子对撞机里。对，就算是大型强子对撞机也不可以。

另一种动摇我们间接经验的是与已有间接经验产生矛盾的间接经验。这种情况的出现往往是打破我们内心和谐的。有个科普心理名词 [1] 叫"心理舒适区"，也经常被简单地叫作"舒适区"，指的是一种让人感到舒服、放松、有安全感的心理状态。心理学家认为舒适区存在于人们所熟悉的环境与状态下。我觉得舒适区的保持，还有一个重要的因素是我们已有的信念没有受到挑战。比

---

[1] 之所以管它叫科普心理名词，是因为在学术界对它没有一个严格的定义。

如我很早之前就相信了"天圆地方"，结果有一天有一个看起来还挺智慧的有着类似土地公公造型的老爷爷神秘兮兮地对我说："告诉你个秘密，其实地球是圆的。"虽然究竟天是圆的还是地是圆的对我的生活没有太大影响，但是我的求知欲可能会让我非常想获得这个问题的答案。这其实就是打破了我的舒适区。

尽管名字起得很没有创意，舒适区之所以叫舒适区，是因为它真的很……舒适。所以我们往往下意识地去捍卫自己的舒适区。这也解释了我很早之前提到过的，为什么试图改变其他人的想法往往是徒劳的。因为我们所拥有的每一个想法和信念都是我们舒适区的一部分，把它们拿走或者换掉，都会让我们感到不适。捍卫自己舒适区的一个直接后果就是我们很不喜欢听到不同的声音，更别说反对意见了。在社会层面的一个间接后果就是所谓的回声室效应——一些拥有相似想法的人不断互相沟通并认同这种想法，使得这些相似的想法与信念不断得到放大与强化。

在很多事情上，"我不行"这个观念往往是我们的间接经验，并且我们在童年时期就已经养成了接受这种间接经验的习惯。小的时候如果我搬着小板凳溜进厨房，准备爬上灶台鼓捣一番，姥姥一定会幻影移形般地出现并即时把我拎走。"不能玩儿火，烫着！"我挺不服气："为啥你能玩儿啊？"姥姥说："因为我是大人。小孩儿不能玩儿火。"

　　相信类似的事情几乎在每个人身上都发生过。于是我们从小的印象就是现在有很多事情我们做不了，长大之后就可以了。但就像我之前在别人问"你长大后想成为什么"的时候所困惑过的，长大并不是一个瞬间发生的事情。据我的观察，今天的我和昨天的我并没有什么特别大的变化，如果我昨天还太小，不能在厨房里瞎鼓捣，那为什么今天就可以了呢？哪怕今天是我的 18 岁生日，大概也不会有什么神秘力量在凌晨十二点的时候会忽然赐予我一个叫作"厨房瞎鼓捣能力"的属性。请不要误会，我对家长在我小时候对我的保护欲是非常心存感激的。否则以我的多动 + 脑洞，可能十岁以前就已经夭折好多次了。

　　但是这种从小我们就习惯性接受的对于很多事情的"我不行"的假设，实际上是缺少依据的。之前提到过，在我实在对自己的体重忍无可忍（其实真正的导火索是在一次本该非常令人愉快的购物之旅中，我绝望地发现自己的裤腰维度超过了裤长）之后，我用尽洪荒之力"跑"了人生的第一个 5000 米。跑完之后，累瘫在地上的我产生了一个特别中二[①]的想法：我连 5000 米都跑下来了。这个世界上没什么是我做不了的！

　　嗯，我知道，听起来是挺傻的。可当时在我眼里，5000 米

---

① 源自日语"中二病"（中学二年级病）。最初指的是青少年在特定年龄阶段常表现出的自我意识过剩、渴望与众不同的行为或想法。后来也用来调侃那些无论年龄大小却依然带有这种"中二病"特质的人。

已经像 1 摩尔一样，是个天文数字了。在那之前我经历过的最凶残的一次"长跑"就是大学体育达标测验时的所谓的 12 分钟跑，需要在 12 分钟里跑完 1700 米。刚满 20 岁并且还尚未开始发福的我跑了 1700 米之后生生地在宿舍躺了三天。所以毫不夸张地说，人生的第一个 5000 米，我是冒着必死的决心去跑的。当天晚上给娘大人打电话汇报了我的这一壮举，娘大人几次确定我是不是因为跑了 500 米之后累傻了，把 500 米说成了 5000 米。自尊心非常受挫的我又给姥姥打了个电话来炫耀自己的光辉成就，电话的结论是我妈确实是我姥姥亲生的。

这件事引发了我的很多思考。当然，主要原因是跑完之后我又在床上躺了三天，所以除了思考也没有什么其他事情可以做。现在在美国待久了，受健身文化熏陶比较深，觉得跑个半马之类的很正常，不是什么大事儿。国内这些年也越来越注重锻炼身体，所以现在听起来，5000 米也确实不是什么大事儿。可几年以前，至少我经常接触的人群，不是那么爱跑步的。5000 米在那时候真的算是长跑了。我也确实没想到自己能跑下来。这样说来，"我肯定跑不了 5000 米"这个想法实际上是没有任何依据的。当年带着一身赘肉跑的那次步也确确实实成了我人生的小转折点之一。

带着"我连 5000 米都跑下来了，这个世界上没有什么是我做不了的"的中二想法，我开始有意识地试着走出自己的舒适区，去逐个质疑之前被我莫名打上"我不行"这个标签的事情。比如我以前一直觉得人长大之后想再学门外语会很困难。但是硬着头皮学了一段之后发现，连德语这种出了名的语法恶心的语言也不是真的那么难学的。可是学会德语之后我发现德语除了哲学和心理学的原著比较优秀，在文学作品上实在是让人有点消化不良。于是我又出现了学法语或者西班牙语的念头，毕竟这两种语言下的文学作品是很吸引人的。考虑之后觉得还是学法语吧，听起来高大上一点。

这个决定很快又使我发现了此前存在的两个错误的观念。第

一个观念可以算是间接经验吧，之前常常听人说法语是世界上最好听的语言。但自己开始学了之后才发现，法语充满了各种呕吐音，而且还有点儿佟掌柜的调调儿。我实在是有点欣赏不来。第二个观念也应该算是间接经验，使我认为这个时候学习法语会跟德语混淆，弄得哪个都学不会。严格来讲，这个担心并不完全是多余的。像"猫"这种在德语里是母的在法语里是公的的词汇，一开始还是让我有点儿颤抖的。

除此之外，学习法语并没有对我阅读德语哲学著作有太大影响——仍然是每个词放在一起都明白，但想表达的意思却怎么都不明白。不过如果不是这样，大概就不是哲学了吧。因为在学习语言上摒弃了"我不行"的想法，我又陆续学了西班牙语和日语，目前正在和俄语作斗争。也许是舌头确实长得有点儿问题吧，对于俄语，"我不行"这个观念正在重新建立，并且这次是基于直接经验。（那啥，编辑，把这段儿删了。太负能量了。）

细想想，在生活的方方面面，我们都在没有真的思考（更别提尝试了）过"我行不行"的情况下就执着地认为"我不行"。更糟糕的是，我们偶尔还会把"我不行"稍作修改，变成"你不行"，并努力把它灌输到其他人的脑子里。其实试着走出舒适区这一行为本身，在尝试过多次之后也会变成我们的舒适区的一部分。这便是奇迹发生的时刻。我们不再甘心一生都在地表游走，因为我们已经拥有了一颗不安分的灵魂。我们会试着飞向云端，哪怕期间我们会无数次地坠落。但是没关系，只要摘下"我不行"的枷锁，我们终会找到一条到达云端的路径。而在心灵深处，我们相信，即使在云端之上，仍有着更加广阔的天空任我们翱翔。

心态这件"小"事

不要让你自己的想法成为你最大的敌人。

——莱尔德·汉密尔顿

在上司的强烈逼迫下，我开始阅读关于交易心理学的书籍，并和组里的交易教练进行会面。对这个行业不太熟悉的人可能不太了解交易教练是干什么的。在解释交易教练的工作职责之前，我先来简单描述一下我的工作环境吧。

为了方便交易员之间的沟通，我们每个人之间的桌子是没有隔断的。每个交易员面前是六个显示屏，根据自己的喜好来设计。我的显示屏上主要是若干我当天关注的股票的图表，以及重点关注的股票的不同分时的图表，比如有的图表的蜡烛图上面，一根蜡烛代表 1 分钟的交易价格变化，有的一根蜡烛代表 5 分钟的交易价格变化，还有一根蜡烛代表 15 分钟、1 个小时以及 1 天的交易价格变化。虽然我们做的主要是超短线交易，对于在更长的时间维度上面的价格趋势的分析也是必要的，因为大型基金会以更长时间维度的价格变化来做出买卖决定，而它们的买卖决定是可以在很大范围内影响市场的。

除了股票的图表，我的屏幕上还有我们的远程办公软件以及一些帮忙筛选股票的程序。毕竟在美国上市的股票有好几千只，每个人最多关注十只左右就已经足够眼花缭乱了。而自动筛选股票的程序可以根据交易员自己制定的标准来实时对上千只股票进行筛选。比如我会让软件帮我筛选出交易量忽然变大的股票，或是在超短时间内涨幅或者跌幅超过某个阈值的股票。我会随后对被筛选出来的股票进行研究，看看是不是值得进一步关注。总而言之，我的六个显示屏的每一个像素都彰显着我的爱岗敬业精神。不像我们组长大人，用一整块屏幕显示他老人家当年拿到搏击冠军后举着奖杯的照片。说什么好呢。

除了交易大厅之外，我们的标配还有一个健身房和一个冥想室。跟多数健身房不同的是，我们的健身房里沙袋比跑步机还要多。大概是为了交易员们随时发泄情绪吧。毕竟打沙袋比砸电脑更经济实惠。电脑屏幕和鼠标键盘之类的东西在交易大厅的墙上都有明码标价。砸了其实是没有关系的，很快会有后勤人员把备用的装好，然后公司会按照标出的价格在作案人的个人账户中扣除。很童叟无欺的。

当然，这是在对其他人不造成人身伤害的情况下。曾经坐在我边上的同事在非常愤怒的情况下把键盘狠狠地一次次地砸在桌子上，由于工位之间没有隔断，我的脑门被飞出的按键砸到了——是个字母 W。同事事后跟我道歉说："你留着这个字母，以后在任何时候如果有什么我可以帮忙的，你拿着字母来找我，我一定尽力。"让我不禁联想到小时候看的周星驰的《九品芝麻官》里面的那半张饼。好在键盘不会发霉。

当然，心里积攒的压抑也不一定需要以暴力的方式发泄——欢迎来到冥想室。冥想室里点着香薰，光线暗淡，地上有个蒲团。但是我几乎没有去过冥想室。我更倾向于晚上睡前窝在家里冥想。可能因为天生比较没有安全感吧，总觉得冥想室不是个绝对私密的空间。万一冥想得太入境了，有人拿着键盘来打我怎么办？当然，我可能太高估自己的冥想能力了。我唯一可以入境到完全不察觉周围正在发生的一切的时候是不小心睡着了。

除了交易大厅、冥想室和健身房之外，还有若干办公室和储藏间。我没有去过储藏间，但是从后勤人员更换被砸掉的键盘和屏幕的速度来看，储藏间里可能存的就是这些东西。而那若干办公室之一，就是属于交易教练的。我一开始以为交易教练在公司里是食物链底端的存在，平时陪人谈谈心啥的。后来慢慢发现交易教练和 CCO（首席合规官）的权力是齐平的。

如果我们的交易有任何违反 SEC（美国证券交易委员会，相当于中国证监会）或者公司内部规定的，那么公司内部由 CCO 领导的监管部门会飞快地出现并把我们"就地正法"。我刚入职没有多久的时候就被监管部门咆哮过，原因是作为机构交易员,我们每一次交易的股票数必须是 100 的倍数。比如我看着伯克希尔 - 哈撒韦(巴菲特的公司)的股票不错,但是 60 多万美元一股,我使个大劲,给我来俩吧。不好意思,监管部门会发出吼叫信的。一个季度内如果再次违规,就会出现巨额罚款。这个罚款多么巨额呢?我不知道,我也不想知道……收到吼叫信没多久,有一天在手机上看到监管部门发来的消息,吓得我血压狂飙,跟新冠疫情前期的比特币似的。结果打开一看是"圣诞快乐"。得亏没吓死,要不太冤了。

虽然交易员基本上是自负盈亏的,但是考虑到公司整体的风险,每个交易员的账户都有一个锁定的阈值,说白了也就是如果我今天赔了 ××× 钱,那么我就不能进行新的交易了,但是我仍然可以继续保持已有的仓位,在我认为合适的时候或以我认为合适的方式处理这个仓位。这个导致账户被锁的"×××美元",每个交易员是不一样的。我刚入职的时候的 ××× 只有 2000 美元,后来慢慢加大了。由于前面提到过的苍蝇本色的问题,其实真正定义一个交易员资深程度的,往往并不是购买力(公司一般会给极其资深的交易员所谓的"上不封顶"的购买力),而是这个 ×××。××× 太小,基本就变成买彩票了。我建了一个仓,结果还没怎么着呢,这个 ××× 被触发了,那要么我认栽清仓走人,要么就看着屏幕各种祈祷,希望账户可以解锁。两种体验都不是很令人愉悦。

除了亏损达到锁定值，或者交易违规之外，我们的交易是不受干预的。我的上司和我的组长（也就是我上司的上司）都是不能直接干预我的交易的。所以对于我经常出现的死不止损的"韭菜"行为，他们也只能口头嘲笑和警告，而并不能逼着我止损，更不能替我止损。但是公司里有一个人在这个问题上有着几乎至高无上的权力，这个人就是交易教练。

交易教练一般是资深的心理咨询师。各大对冲基金和交易公司都不惜重金聘请知名的交易教练来公司坐镇。有的交易教练的时薪达到 1000 美元以上。我们公司曾经请过一个传奇般的交易教练来做过一次讲座，这个教练说他在辅导一些公司的 CEO 时，基础要价是一次会面 10 万美元。结果基于这个信息，我在精神上完全错过了传奇教练的精彩演讲，因为我一直在脑子里想：一次会面有没有规定时间呢？如果一次会面持续了俩礼拜，还挺划算的。

言归正传，在语文老师崩溃挠墙之前。交易教练的至高无上的权力体现在，如果某天她见到我印堂发黑，那么她一个电话或者一个邮件，我的账号就被锁定了，跟我是不是亏损了×××美元完全没有关系。她会定期和交易员们交谈。一旦发现某个交易员最近的心理状态不是很理想，她会试图把交易员拽回到正轨上。如果这个交易员的心理状态已经非常糟糕了，交易教练会让这个交易员"强制休假"。"最近天气不错，你去加勒比海上漂几天，抓两个海盗玩儿吧。"

交易教练的地位之所以这么高，是因为心理因素在成功交易中至关重要。其实对市场的"性格"逐渐熟悉之后，交易员在所谓的技术水平上的差别已经不是决定性因素了。最终决定交易员长期表现的，是交易心理。业内很有名的一个说法是：一个好的交易员可以把一个很差劲的交易做得很好；一个差劲的交易员可以把一个很完美的交易做得很差。这是真的。

举个很简单的例子，比如交易员 A 是刚刚提到的好交易员，而交易员 B 是刚刚提到的差劲的交易员。假设两个人同时认为阿里巴巴（简称"爸爸"，因为阿里巴巴在美国上市的股票代码是 BABA）的股票在 80 美元一股的价格会出现反弹，并因此买入。如果爸爸成功反弹了，交易员 A 可能会在更高的价格加大仓位，因为股价反弹这件事情本身就证明了之前的判断的正确性。而作为一个我们假设中的糟糕的交易员，交易员 B 是习惯了赔钱的，看到这次爸爸确实成功反弹了，交易员 B 非但不愿意在更高的价位加大仓位（因为这样均价就变高了，看似风险更大了），反而会选择稍微赚一点小钱就跑路了，并且对自己"成功"赚钱了感到非常欣慰。接下来发生的事情很有可能是这样的：爸爸的股票继续上涨，交易员 A 开始缓缓卖出手里的股票；而交易员 B，脑子里疯狂计算着自己错过的利润，之前的欣喜已经不复存在。终于，交易员 B 坐不住了，再次购买爸爸，在高于自己之前卖出价的价位上。而这次的买入，很可能发生在爸爸此番反弹的高点上。在下跌过程中，交易员 B 不但失去了第一次交易爸爸的那一点点小利润，还进入了亏损状态。

在这个例子中不难看出，交易员 A 在爸爸反弹前期，加大仓位的时候所购入的股票，很可能是赚了一点小钱赶紧跑路的交易员 B 所卖出的。而在爸爸反弹后期，已经无力继续上涨的时候，交易员 A 所卖出的股票，很可能卖给了在脑海中悔恨错过了两个亿，并决定购买爸爸以防错过第三个亿的交易员 B。如果你曾经炒股，相信你十有八九在此时对交易员 B 的经历产生了强烈的共鸣。多少次，我们几乎买在了最低点，然后卖在了最低点＋一点点，然后对着任何愿意听与不愿意听的人说："你看，我就说这只股票会涨！结果涨了这么多！不卖就好了。"又有多少次，我们绝望地看着自己抛弃的股票飞起的价格，心中懊悔不已，并在股价稍微有小幅度下跌的时候"抄底"买入，然后绝望地看着股价一落千丈。

当然，在某个平行宇宙中，故事的情节还有另一种可能性。在这个宇宙空间里，交易员 A 和交易员 B 同样认为爸爸会在 80

美元一股的价格出现反弹，并因此买入。然而这一次，两个人对于爸爸的价格趋势的判断是错误的——股价在 80 美元左右徘徊了一会儿之后继续强势下跌。作为好的交易员，交易员 A 会果断止损，接受每股 20 美分左右的损失，甚至会在止损的同时建起空仓，也就是卖空爸爸的股票，期待以更低的价格买回。与之相反，交易员 B 无法说服自己止损，于是开始找各种不止损的理由。例如：爸爸是个好公司，有很强的盈利能力，会涨回来的。或者：股神巴菲特可是投长线的，我离着退休还有好多年呢，会涨回来的。

当然，如果爸爸继续下跌，交易员 B 很可能会进入我之前描述过的"清仓大甩卖，错过等一年，砸锅卖铁也要再多买一点"的状态，在明明判断错误的情况下还继续放大自己的错误。交易员 B 用于自我安慰的那些分析很可能是正确的。爸爸确实是个盈利能力超强的好公司，可能两个月之后跌到 65 美元之后开始缓缓反弹上涨，并在一年之后又回到 80 美元。但是在这个过程中，交易员 A 在下跌过程中是在做空的，在停止下跌之后交易员 A 很可能会把空仓反过来变成买入。

这样的经历当然可能是技术因素导致的。毕竟，对市场的分析能力在成功交易中肯定是必不可少的。但是在很多情况下，无论是基于正确的市场判断，还是错误的市场判断，导致交易员 A 和交易员 B 之间行为差别的是心理因素。

由于金钱在生活中的特殊地位，绝大多数人对于金钱都不是纯粹无感的。个体差异主要体现在感受的强烈程度上。有些人，比如我自己，对钱就非常非常有好感。据我妈说，这种好感是天生的，在我很小的时候就体现出来了。相比于我，有些人对钱可能就要淡定许多。而过于强烈的个人情感往往会阻碍我们做出理性判断。

在我职业的初期，我会把个位数的盈亏自动换算成苹果、猕猴桃等我常吃的水果；把两位数的盈亏自动换算成牛排、三文鱼等我常吃的肉类；把三位数的盈亏自动换算成纽约各个米其林餐厅里的美食；把四位数以上的盈亏自动换算成世界各地的米其林餐厅美食 + 往返机票。此时忽然产生了灵感：也许我不是贪财，而是贪吃。（晚上打电话跟我妈交流一下。）总之，我会习惯性地把我交易的结果实体化。这种思维方式对于交易员来说是非常致命的。经过了将近一年的时间，我慢慢学着把每一笔的交易结果只当作一个数字来看。抛开对金钱的情绪，是非常非常重要的。

我现在的生活基本上挺无欲无求的。读书期间经常在考前或做讲座之前出于压力，不断买买买。毕业之后没有那种习惯性的买买买的冲动了，但我对各种好玩儿的电子产品仍然是没有什么抵抗力的。比如苹果出了头显，我一方面会觉得没啥用，

Meta 的头显买完之后没玩儿几次就扔到一边了。但是心里却惦记。一旦出现类似的情况，我准会赔钱！因为我存在的物质追求会让我再次对交易的结果进行实体化。解决这类问题的方式就是及时满足自己的物质追求，就当是给黑帮交了个保护费呗。否则，鉴于我目前的经验，故事的结尾是在赔掉 10 个头显的钱之后，我买头显的欲望终于消失了。我把交易结果实体化的倾向也随之消失。然后我可以继续进入正常的工作状态。相比较而言，还是"交保护费"比较划算。

　　这个听起来好像是我在给自己买头显找借口（为了证明我的清白，我可以告诉你，我的家里并没有苹果的头显。至于我买头显的欲望是怎么消失的，估计我就不用明着说了……），实际上，出现物质欲望的时候及时满足，这种解决方式是交易教练授意的。她说每个人抛开对金钱的情绪的方式都是不同的，如果找到了一种对你有效的方式，一定要紧紧抓住。她曾经向我建议把电脑上统计盈亏的窗口关掉，注意力只放在每一笔交易上，而不是每一笔交易的结果上。据说有不少交易员都是这么做的。但是这个对我不是很有效，因为我的买入或者卖空价我是记得的，所以即使关了窗口，我的脑子里还是会不自主地在后台跑数字，还挺占 CPU 的。不但没能排除交易结果对我的干扰，反而从"市场分析部"调走了一部分脑细胞去"会计科"拨算盘。

　　对交易教练的出场介绍就暂时进行到这吧，她会在后面继续出现的。

别难为意志力了

成功的人从失败中获益，然后另辟蹊径再试一次。

——戴尔·卡耐基

之前提到，我一旦出现一笔失败的交易，就会触发作死模式，开始无理性交易，直到亏损达到某个程度我才能从作死模式里抽离出来。我一开始以为这是出于自己的任性，就像一个被惯坏的熊孩子，在想要一个玩具遭到家长拒绝之后开始乱哭乱叫乱摔东西，直到家长屈服。当然，如果家长非常坚定，熊孩子也许就不闹了。类比到我的作死上，就是我开始非常随性地乱交易，心里希望市场看到我的"哭闹"，然后赶紧把肥硕的利润送到我的手上以平复我的心情。而亏损达到一定程度的时候，我可能终于对这个狠心的市场失去了信心，于是不再闹腾了。没错，这是我一开始对自己的诊断。进一步的诊断就是自己实在是缺心眼，否则为什么会有这么不合逻辑的期待呢？

做出这个诊断的时候我还在家办公，和交易教练并没有交流。回到公司上班之后，初次会面，交易教练就敏锐地意识到我是个非常令人头大的存在。对于我的作死模式，交易教练感到非常好奇。于是我向她阐述了我的"耍赖的熊孩子"理论。

交易教练想了想，问我："你小时候是习惯性用耍赖的方式获得你想要的东西吗？"

"当然不是啦，我一直都不是个哭闹着满地打滚耍赖的孩子。"

"看来你是个懂事的乖孩子。"

"不不，不是我多懂事，而是一般我的各种心愿都即时被满足了。"

"你的父母对你很溺爱。"

"总体来说是的。我知道他们也有想对我稍微严格一点的时候。比如我小时候特别喜欢恐龙，家里大大小小的恐龙玩具可能有几十个。如果我又提出来想买恐龙玩具的话，他们会认为我已经有很多了，不应该再买了。"

"如果他们拒绝再给你买恐龙玩具，你会怎么做？"

"我会去找我大姨或者小姨给我买。我的大姨和小姨都很宠我。我的这种做法我的父母是可以预测的，所以为了避免这样的事情发生，他们一般会选择给我买玩具。"

"如果是这样，我认为你对于作死模式的解释是不正确的。我们如果想解决一个问题，一定要正确找到问题的根源。如果你以为你找到了根源，而你找到的这个根源实际上是错误的，那么问题是没有办法被解决的。"

交易教练的这番话对我挺有启发的。想要解决一个问题，一定要正确地找出问题的根源。这个逻辑我们在生活上执行起来一般是非常流畅的。就像有一次我发现手机充了一宿电，第二天醒来电量还是百分之十几。于是我愤怒地跑到苹果店，说我的手机刚买了俩礼拜，怎么就出这种问题了呢，快给换新的。结果在店里一试，是可以充电的。回家之后我又试了试，还是不能充电。第一个想法是"苹果店的这些刁民把朕给骗了"。但是在"把这些刁民满门抄斩"之前，我发现其实是我的充电器的另一头没插在电源上。

但是这种"遇到问题→找根源→解决问题"的思维模式，我们很少运用到修正自己的某些行为习惯上。似乎对于改变自己的行为，我们总是对传说中的"意志力"有着一种谜之执念。意志力当然是个好东西，但我们不得不面对的一个残酷的现实，就是虽然意志力是可以被训练和被提升的，但它终究是有极限的。在努力把生活向积极的方向推进的过程中，有很多事情是需要消耗我们的意志力的，所以把有限的意志力用在一些本可以不消耗那么多意志力的事情上，实际上并不划算。打个比方，如果把意志力类比成武器弹药的话，就算意志力强大到像美国一样每年近 9000 亿美元的国防开支，但如果天天用洲际导弹打苍蝇的话，也还是不够用的。

　　我并不是在否认意志力这个东西的存在，以及其可贵的可提升性，而仅仅是呼吁我们应该更加有效地使用它。有意识地把我们实际上很擅长的"遇到问题→找根源→解决问题"的思维模式拓展到改变自己的行为习惯上，是我找到的一个还不错的帮忙节省意志力的方法。在我由人生的第一个壮烈5000米开启的减肥之路上，我一开始是完全依赖意志力的。减肥，无非就是"迈开腿，管住嘴"嘛。几乎每一个减肥的人都可以把这句话倒背如流。听起来贼简单轻松的六个字，简直比小学编日记扶老奶奶过马路还难。其实我还真在某个学雷锋日扶老奶奶过马路来着，结果被老奶奶骂了一顿。因为人家本来没想过马路。

哦对，回归意志力减肥法。一开始我下了决心每天下午下课之后去健身房跑 5000 米，并且晚上不吃晚餐。我现在还记得也就过了两三天，我夜里就浑身发冷，五月份[①]的天裹在厚厚的被窝里饥寒交迫得睡不着，脑子里是《卖火柴的小女孩》里读到的烤鹅呀之类的。可是我的意志力很强大的！于是我还在坚持着每天跑 5000 米，以及不吃晚餐。但是天天饿得头重脚轻的我写作业时没法激活脑细胞，每天脑子里不是吃的就是更多吃的，要么就是更多更多吃的。我的书架上渐渐开始多起了各种菜谱。我的手机里渐渐开始出现了下厨房之类的 App。我的生活重心完全转移到了如何和饥饿作斗争上，感觉学业啊神马的都是浮云。是啊，我自己都饿得要飘起来了，其他东西可不都是浮云嘛。

就在这个时候，我听说了"欺骗餐"这个概念。传说在节食减肥的时候，每周可以有一天让自己尽情吃吃吃。真是天无绝人之路！那个周末我神叨叨地凌晨三点钟就蹦起来了，感觉每多睡一秒钟都会浪费宝贵的可以用来无限制吃吃吃的时间。啊，那是多么快乐的一天！当时离我住的地方不远有个叫 Bojangles 的连锁炸鸡店，是二十四小时营业的。在霞光都还没有出现的时候，值夜的店员难以置信地看着我风卷残云般地干掉了两份

---

① 当时我在的地方纬度和青岛差不多，海拔也基本没有。

家庭餐，并且英勇壮烈地一只手扶墙出门，另一只手不忘拎着额外打包的另外两份家庭餐。不抛弃，不放弃。

接下来的一段时间我都是这样度过的。一周里有一天感谢天，感谢地，感谢命运给我们炸鸡。剩下的六天在饥寒交迫中数着日子等炸鸡。我觉得我真的还挺有意志力的。但是还是像之前所说的，我有限的意志力都贡献在这上面了，对于生活中其他方面可能比较有挑战性的事情，我已经没有任何野心了。比较幸运的是，这个时候我的博士申请材料已经提交完毕了，所以我的大力出奇迹版的"迈开腿，管住嘴"减肥法并没有耽误太多正经事。

这个状态持续到了硕士毕业。我成功减掉了二十几斤。毕业之后和一个四年没见过面的大学时期的好朋友一起去大峡谷、死亡谷一带远足。我继续把我的意志力推到极限，在每天爬上爬下四万多步的情况下只吃一个三明治和一份沙拉（不加酱的那种）。那趟旅程，久别重逢的朋友对我的印象主要有两个。第一个是我比大学时期成熟了许多，终于不那么想吃吃想玩儿玩儿地放纵自己了。在减肥这件事情上，我的决心和执行力达到了感天动地的程度。第二个是我的脾气变差了。当初认识我的时候，她觉得我是个脾气超级好的人，从来不生气。但是那一次的旅行中，我几乎天天跟她发脾气。爆炸频率和杀伤力让她这个白羊座的人都甘拜下风。

现在想想，脾气变暴躁了也许是饿的。据说很多人在饥饿的时候都会变得比较更年期。另一方面，因为减肥的事情使我的意志力几乎每天都处于透支的状态，我对于生活中其他稍有不尽如人意的地方都毫无容忍力。这个可能跟长期工作压力很大从而变得很暴躁的人有点儿像吧——生活已经很不易了，你们谁都别惹我。所以说，意志力这个东西确实是存在的，并且还是挺强大的。但是，意志力是个有限的战略性资源，我们还是得有计划地合理分配意志力，把它用在现阶段对我们最重要的事情上。

那么如何把"遇到问题→找根源→解决问题"的思维模式成功运用到为意志力减负上呢？道理其实很简单，问题的根源找到了，问题解决了，自然也就不需要用意志力来硬撑了。就像崴了脚之后，你可以凭借意志力一瘸一拐地继续走啊走，但是走得既不会太快，过程又很痛苦。如果有条件的话，先把脚治好了，就算不使用意志力，依然能够健步如飞。这真的是个很简单的道理，但是包括我自己在内的很多人在对待很多事情上，喜欢用意志力死磕，痛并快乐着地感觉自己可英雄了。

那么说说我的减肥之路是如何变轻松的吧。我硕士毕业是圣诞节的时候，博士开学是第二年八月份，在其间的大半年时间里，我是个失学儿童，或者也可以叫作社会闲散人员。恋家的我自然选择了回国闲散。在老妈的眼皮子底下，我不吃晚饭是没希望了。于是我每天吃水煮菜、水煮蛋，以及水煮鸡胸肉。但是我意外地发现，虽然吃得很禁欲系，我的饥饿感却远没之前那么强烈了。于是我开始比较系统地学习运动营养学。

在那之前，虽然我减肥减得很努力，但方式方法主要还是以民科为主。比如，听说每天不吃晚饭能减肥，那我就不吃晚饭好了。学习了一些运动营养学之后，我又继续学习了解科学健身，例如如何合理地安排有氧运动和力量训练来达到最好的效果。这些系统的学习为我后来拿到美国运动委员会的私人教练证打下了基础。

我戒掉了深加工食品，戒掉了含有游离糖的食物，每天摄入的食物几乎都是经过最简单的加工的原始食材。我不再受饥饿感的折磨，而且也停止了每天计算卡路里。其实现在每天我的卡路里摄入基本都在 3500 大卡以上，可以说，我是很能吃的。连从海豹突击队退伍的同事都吐槽过我特别能吃。可能我可以去给所谓的"小体积，大容量"的充电宝品牌做代言了。职业道路还是很宽的！哦对，言归正传。在找到了有效的减肥方式之后，我成功解放了意志力。

看到这儿，可能一些正在用意志力和饥饿感作斗争的减肥人士看到了希望的曙光，但是请你们千万不要这一秒钟就和意志力分手，因为戒掉深加工食品和游离糖还是挺有挑战性的。不少人都知道，我们的大脑是对游离糖成瘾的。所以戒糖的过程是非常不令人愉悦的。由于我不想写一本关于运动健身的书，以及我已经跑题很远了，在这里我就不详述大脑对游离糖上瘾的机制了，但是我强烈建议想尝试戒糖的大伙伴小伙伴们自己查询一下游离糖上瘾机制以及戒糖所带来的各种生理不适感。当然，这不是为了打消你们的积极性！提前了解一下，算是料敌于先吧，这样遇到敌人的时候就知道敌人只是纸老虎，坚持一下，敌军就自行溃散了。

无论怎样，我希望你可以相信我，戒掉深加工食品和游离糖的初期是困难的，但是习惯了不吃这些食物之后，你对这些食物的渴望感就会消失。我现在想到甜甜圈或者奥利奥，确实是一点食欲都没有。就算让我先"扭一扭舔一舔泡一泡"，也还是没有食欲。试想，如果有一天你对所有阻碍你减肥，并且造成你对食物产生强大渴望的食物都失去了兴趣，那么减肥或者保持好身材这件事情，还会造成意志力赤字吗？

克服重力做功

我从不幻想成功。我只会为了成功努力实践。

——雅诗·兰黛

对于固定型的思维方式，在我认识到自己的这个思维误区之后已经在有意识地改正了，并且在生活的某些方面初见成效。我不再为一些小事的不完美完成而产生不成比例的沮丧感，并且开始在"一点一点进步"的过程中获得满足与鼓励。这对我来说是一种很神奇的转变。以前的我在很多事情上非常自负，或者说得更不留情面一点就是眼高手低。我总觉得一点一点地进步是一种很卑微的存在，"一战成名"才是正道。这也很好地解释了我为什么在这份工作虐我千百遍之后还在咬牙坚持。

其实我不是没有想过放弃。读了这么多年书，给自己贴上了若干名校的标签，我知道理论上我应该还是可以找到别的工作的。可是每次想到找一家企业，从小职员开始干起，一点点混资历拼业绩地等着提拔晋升，就有一种很强的窒息感。而这份工作则满足了我对一战成名的幻想。"华尔街传奇交易员一年狂赚两亿美元。"借用《大富翁》游戏里钱夫人的口头禅：今夜做梦也会笑。

我的另一个职业畅想是创业。其实细想想，自营交易员和创业有一定的共性。它们都可以提供我想要的自由，毕竟，我从小就是个挺叛逆的孩子，最讨厌有人管着我。此外，它们都不那么需要上司的肯定。我读博士期间挺压抑的，并不是因为我不喜欢经济学。我是非常非常喜欢研究博弈论的，也觉得我研究的课题很有意义。但是作为社会科学，经济学的研究需要得到同行们的肯定。说白了就是我觉得我的课题很有意义没用，需要其他人也觉得很有意义才行。这就让我有点儿郁闷了。其实公平地说，我读博士期间做过的几个课题都得到了教授们的肯定，所以我的郁闷并没有什么事实依据。

　　但仅仅是我的工作的优劣是由其他人来判定的这件事情本身，就让我无限惶恐。这可能是多年作文跑题不及格留下的心理阴影吧。也可能是以前做数学题即使答案对了也被扣分，因为我的解题步骤太不传统了，老师没看懂或者没好好看。无论具体是啥原因造成的心理阴影，怀才不遇是我最大的噩梦之一。比这更大的噩梦大概就是某天忽然意识到其实自己没怀啥才，或者就是在哈哈大笑的时候被人往嘴里塞了一条毛毛虫。

　　而创业和自营交易的另一个共性，就是它们太容易让人看到站在顶点时的万丈光芒，而忽略到达顶点的过程。这个也好理解，因为这个过程有很大的自由度，而这个自由度又在吃瓜群众的想象空间中得到了进一步的放大。乔布斯在车库里创立了苹果公司。贝佐斯在车库里创立了亚马逊。或许我也能得到车库之神护佑成为下一个科技界大佬呢。

　　至于那些关于创业艰辛的种种传闻，无论是出于成功者之口还是尚未成功者之口，我们都默契地进入选择性失聪模式。在传统职业道路上，我们很难幻想今天还坐在柜台后面帮老奶奶开户，明天就成了银行行长。也很难幻想今天还在炸薯条，明天就被指派成麦当劳的新 CEO。而创业和广义的包括期权期货比特币狗狗币之类的炒股，则带给了我们一个可以无限遐想的、神秘的黑匣子，满足我们各种关于一下子弹跳到人生巅峰的渴望。

　　在怀着幻想弹跳了几百天之后，我总算意识到，从极大概率上来说，人生是无法克服重力的。无论是怎样的职业道路，传统的也好，创业也好，炒狗狗币也好，想要达到人生巅峰，克服重力做功才是王道。可能有人会不服气地说："不是啊，那些比特币亿万富翁呢？也许就是十年之前肥宅着囤了两万个比特币，结果现在不是发了吗？"那啥……我对这个既成事实无法反驳，但这不在我的"职业道路"的定义里。买彩票中了上亿美元的也有，但把这个算成职业道路，也忒不传统了点儿。犯规了，犯规了。

不知道你们有没有这样的感觉：世上万物在表面上千奇百怪，各不相同，在本质上又处处相通，遵循着若干普遍的规律。如果想到达更高的地方，必须克服重力做功，就是这样的一个规律。无论是创业还是自营交易，虽然到达巅峰的道路不像传统职业那么清晰，但仍然是遵循着这个规律的。甚至更严格地说，做功的多少与到达的高度之间也往往是成比例的。

认清了这一点，加上我渐渐学会了从一点一点的进步中获得满足和鼓励，在提升自己交易水平这件事情上，总算形成了一个良性循环的闭环。虽然时不时地，我还是会对自己交易时犯了不该犯的错误而感到失望和沮丧，但是我不再深陷于这种负面情绪中不可自拔，更不会像曾经一样自暴自弃。我只想一步一个脚印地把眼下的路走好。就像爬山的时候，低着头走啊走啊走，直到停下来回头看看的时候，才发现不知不觉中自己已经爬得这么高了。

错误的偶然与必然

即使失败了，我也没输，因为我从中吸取了宝贵的经验教训，这对我来说很公平。

——肖恩·科里·卡特

上一部分提到，时不时地，我还是会对自己在交易时犯了不该犯的错误而感到失望和沮丧。对于"不该犯的错误"，我有句话不知当讲不当讲！

相信几乎每个人都在很多时候说过类似"哎呀，这个错误真是不应该"的话，或者产生过类似"哎呀，这个错误真是不应该"的想法。在语气强烈程度以及用词文明程度上可能有些个体差异吧。比如我那位说话总是喜欢文绉绉的大姨夫可能就会说"实属不该"，我这个粗人可能就会说"卧槽，这种低级错误都犯"。一个意思，一个意思。如果你说过类似的话或者产生过类似的想法，请你随我一起进行一番灵魂的拷问。如果你没说过类似的话或者没有产生过类似的想法，请你务必联系我，我想采访了解一下你的心路历程。

你是不是在琢磨，犯不该犯的错误这件事情有什么可值得进行灵魂拷问的？我初步拷问出了两个相关的问题。第一个问题是，有时候看似不该犯的错误，也许并非偶然。数学考试的时候加号看成了乘号，粗心了。英语考试涂机读卡的时候听力明明只有 A、B、C 三个选项，却涂了第四个 D 出来，粗心了。当年为了出国申请顺利，大老远地跑去白云观请了符供在家里。拿到录取通知之后大老远地再跑去白云观把符烧了还愿，结果发现忘带符了，粗心了。同学，为什么粗心的总是你，以及，你为什么总是粗心？！

刚刚举的几个例子都很容易被归类为不该犯的错误。可是，这些所谓的不该犯的错误，真的只是意外吗？如果我出于粗心所造成的不该犯的错误从概率上远高于其他人，那么从更严格的意义上来说，这些错误都是我该犯的错误，也是我必犯的错误。除非我从根本上改变自己的一些属性，否则这类错误仍会在未来以不同的形式反复出现。

事实上，我认为前面这句话的结论与逻辑可以推演到更广义层面的错误上，而不仅仅是那些被我们或是轻描淡写、或是痛心疾首地定义为"不该犯的错误"的错误。现在，是时候进行下一轮的灵魂拷问了。

在我们的人生道路上，是不是有那么几种坑，我们来回来去地往里掉？每个坑的形态和出现方式虽然不一样，但是细想想，其实它们都是一类的坑。举个例子来说，我以前（咳咳，其实也包括现在的一些时候）时常做事冲动。某一天看到窗外风和日丽，忽然产生了想去看世界的冲动，于是三下五除二订了去法国的机票和宾馆，甚至把签证都约了。半小时之后开始后悔，然后花一个半小时给航空公司和宾馆打电话咨询能不能取消预订。又在某一天，忽然觉得自己应该加强一下编程技能，于是飞快地在网上注册了课程，顺便约了个资格考试。这次没用半小时，十五分钟就开始后悔了。编程现在对我并没啥用，我费劲加强了半天的技能，可能还不如人家 ChatGPT 编得好呢。

在开始专业炒股之前，我买卖股票也是一拍脑袋的事儿。去迪士尼玩儿一圈觉得真过瘾，还想去。买点儿股票吧，这个公司前景太好了。过几天脑子转过弯来开始纠结：除了我之外谁会因为去了一趟迪士尼的体验很好就觉得这只股票该买呢？然后就不知道自己是咋想的了。不出所料，我 RP（人品）爆棚地买在了最高点上，十年之后才回本。

一方面，我是个逻辑思维很严谨的人；另一方面，我做决定的时候经常出现逻辑休眠的状态。这是我之前提到的需要改变的属性，如果不进行改变的话，也许下一次"长记性"没订去法国的机票，订了个去智利的；也许没报名编程课，买了套架子鼓准备回家练；也许没买迪士尼的股票，买了个我第一次吃觉得很优秀的饼干的母公司的股票（它就是我在很早很早之前说到的已经破产退市了的那个公司）。既是不一样的坑，又是一样的坑。我忘记在哪里看到的是谁说的一句话了（说白了我就只记得这句话本身了），大概的意思（好吧，话本身也没记清楚）是人生中总有一些教训是要吸取的，否则这些教训会在我们的未来反复出现，而且往往以更加暴力的方式出现，直到我们吸取这些教训为止。我非常赞同。

所以我们在年轻的时候多犯一些错误其实是好事，因为那个时候我们犯错误的成本很低。小学马大哈把加号看成乘号了，顶多是考试没考满分的后果。如果没有接受教训而一直保持着粗心大意的习惯，也许真正让我们吸取教训的事情就是做手术的时候把纱布落在病人肚子里这种量级的事情了。包括我自己的家长在内的很多家长都特别擅长在我们掉进坑里之前、或是之中、或是之后赶紧拉我们一把，但是人生道路那么长，不可能一直有家长保驾护航，我们早晚会遇到特别大又特别深的坑，然后"嗖"或者"扑通"（和之前一样，请随意脑补任何你喜欢的、与坠落相关的拟声词。"喵"或者"咩"不可以）地一声掉下去。

掉坑是人生常态，对于每一个我们成功爬出来的坑，即使跌得鼻青脸肿，我们也应该心存感激，因为它们也许可以帮我们避免下一次遇到一个更大更深的坑的时候来不及"咩"一声就掉下去了。

想想觉得人生挺矛盾的。我们花了那么多年在学校里，学东西，然后考试。而校园之外的人生，我们的成长方式就倒过来了，遇到考验，然后学到东西。

历朝历代的语文老师们，我对不起你们，因为我跑题的毛病还是没改过来。赶紧回到不该犯的错误这上面来。关于这个问题，谁都有粗心的时候，频率不同而已。就连我这个马大哈，也会偶尔出现不粗心的时候。不过我慢慢发现，其实粗心的根源是专注力不足。在我开始长期坚持冥想练习之后，粗心的情况就很少出现了。

我不知道大家对冥想这个事儿怎么看。这个概念在国内还不是很流行，但是在美国应该已经流行了很多年了。我第一次接触冥想这个概念是高中玩儿《模拟人生2》游戏的时候。在游戏里，小人儿的冥想时间达到一定程度之后就会出现幻影移形这种神操作。当时觉得冥想跟巫术差不多。再后来比较认真地考虑开始冥想是在读了乔布斯的传记之后，感觉大佬儿都这么干了，也许这事儿不完全是巫术呢。不过鉴于这个大佬儿会神叨叨地出现一段时间只吃胡萝卜把自己吃成黄色这种前科，我并不是非常有动力说服自己开始练习冥想。再后来陆续知道很多很多看似更加正统的大佬儿们也是非常推崇冥想的，我终于下决心开始练习了。

刚开始的时候障碍是很大的。从我爱跑题这事儿，就可以看出我的思维跳跃得又快又远，基本是符合海森堡的测不准原理的。所以让我坐在那儿专注在自己的呼吸上而不去胡思乱想，真是太困难了。往往回过神儿来的时候发现自己的思维卡在看上燕青的小姐姐是叫李师师还是刘师师上面了。这跟我的呼吸有神马关系啊！唯一能想到的就是当时沮丧到无法呼吸。慢慢地，慢慢地，很慢慢地，我在冥想的时候思维终于不那么跳跃了。偶尔跳跃的时候也会及时意识到，然后重新把注意力"抓"回到自己的呼吸上面。其实冥想所练习的不是华丽的呼吸，而是一种自觉性。那啥，不是小学老师总挂在嘴边的那个"上课吃东西怎么这么没有自觉性"的那个自觉性。虽然那个自觉性我也没有吧。冥想所达到的自觉性是一种对于自己的所想所感所欲的感知能力，是一种真正意义上"活在当下"的能力。在练习冥想之前，我的脑子不是在回忆过去，就是在憧憬未来，很少是关注于当下的。

如果你还是有点困惑这个"当下"是指啥的话，停下来阅读。如果坐着的话，去感受臀部和椅子之间产生的接触感和压力；如果躺着的话，不妨去感受一下脑袋和枕头接触的时候所产生的接触感和压力。如果是走着的话，喂，这位同志，注意一下红绿灯和过往车辆了嘿。也可以去关注一下自己身体各个部位此时此刻是什么样的感觉。如果有点饿，身体哪个部位的感觉最强烈呢？不要很出于常识地说"当然是胃了"。你有好好感受过自己的胃吗？不是概念上知道它大概在哪里，而是去感受它，集中所有的注意力。很可能你会发现，在你认真去感受胃的存在的时候，你不自主地连呼吸都停下来了。这就是专注力。

也可能你现在有点儿腰酸背疼的，那么把注意力带到不舒服的具体的地方，连同呼吸一起带过去。很微妙地，疼痛会像压力一样随着我们呼出的气体一起慢慢消散。这都是和自己的身体建立起更紧密的连接的过程。长期进行冥想练习，我们会慢慢习惯在冥想之外的时间也活在当下，思绪也不再像以前那样不受控制地飘来飘去了。所谓的粗心，往往是我们的思维飘到了不相关的事情上，进而导致手头的事情没有做好，或者干脆忘了做。而学会把注意力留在当下，自然是对于避免因为三心二意而粗心极其有帮助的。

到这里，关于"不该犯的错误"，我想说的基本说完了。但是关于其他类型的错误，我还是有很多想说的。

追悔莫及

某件不可思议的事情正在某个地方等待人们的发现。

——卡尔·萨根

在日常对话中，高频出现的句式除了"哎呀，这个错误真是不应该"以及其类似物之外，还有一个就是"早知道就＿＿（填空）了"或者"要是当时＿＿（接着填空）就好了"。拿我自己来说，我就祥林嫂过好多次早知道当年不买迪士尼股票而是买苹果的股票，十年翻了好几倍。再贪心一点就是如果不买迪士尼的股票而是买了怪物饮料（Monster Beverage）公司的股票，那翻了上千倍。时不时地，回头看看，感觉自己好几次错过了好几个亿。把头转回来往前看看，感觉世界上的好几个亿的机会已经全部被自己错过了，地上有个一块钱的钢镚儿都挺高兴。

有个好消息，还有个坏消息，无论你想先听哪个，我都要先说坏消息。坏消息就是，那些我们错过的好几个亿，我们活该错过。从 21 世纪初开始，在房地产市场化等诸多大环境利好的背景下，国内的房价迎来了漫长的牛市周期。很多有远见的人都在比较初期的时候砸锅卖铁地投资房地产，几年之后数钱数到手抽筋。这种大环境改变所导致的某个行业的巨型牛市是几十年一遇的。是啊,早知道当时就砸锅卖铁了。问题是,缺乏对未来发展做出准确预测的能力,我们没法"早知道"。如果这还不够悲催的话,那就是在牛市的末尾,我们砸锅卖铁地开始投资房地产,然后难以置信地看着房价开始下跌。早知道就不买了,省下来一个锅买英伟达^①的股票就好了。同样地,没有对未来发展做出预测的能力,我们没法"早知道"。

说完了坏消息,平复一下心情,再来说好消息。好消息就是回头看看好几次错过的好几个亿之后把头转回来,虽然还是地上连个钢镚儿都没看到,但只要我们努力提升自己的见识,我们的眼睛就会变得更加雪亮,未来的各种机会从此无处遁形。世界最大对冲基金桥水(Bridgewater)的创始人瑞·达里奥^②在《原则》(*Principles*)这本书,以及无数的采访中提到,很多在我们的有生之年未曾发生过的事情其实在历史上都曾以某种形式发生过。类似的话马克·吐温也说过:"历史不会重演,但总会惊人地相似。"咱们自己的老祖宗也说过:"以史为镜,可以知兴替。"我就不再继续列举各种名言了,因为意思已经表达到位了,更关键的是我的名言也实在没有库存了。

---

① 英伟达(NVIDIA)是一家美国科技公司,以生产高性能图形处理器(GPU)著名,其股票是人工智能浪潮中的最大赢家。
② 也有人翻译成达里欧,我不知道是不是因为达里奥听起来和大料太像了。

一败涂地

勇气不总是怒吼。勇气有时可以是在一天结束之时平静地说，"我明天再试一试"。

——玛丽·安妮·拉德马赫

历史的重复性，大概也是世界运行之"道"的产物吧。就拿各种经济泡沫来说，其实也遵循相似的规律。泡沫这个东西，在我没有深入了解金融市场的时候，一直觉得它是个特别傻的存在，也坚信作为一个优秀的小学毕业生，我不应该参与任何疑似泡沫的东西。现在我仍然认为它是个挺傻的存在，但是在泡沫的初期如果能够成功进行识别却不参与其中的话，就不能说自己是个优秀的小学毕业生。实际上，很多超乎寻常的获利机会都是在泡沫中出现的。

既然说到了泡沫，语文老师挠墙挠得也有点累了，就简单跑题，聊聊泡沫的几个阶段吧。现在金融圈普遍把泡沫分为五个阶段。第一阶段是投资者发现某个新的产品或者技术优于现有的产品或技术，并且对它们具有可替代性。这个时候进行投资的一般是对行业有着非常深入的了解的圈内人。第二阶段是这种新产品新技术缓慢进入公众视野，并由此进入它的繁荣期。一些大机构的投资人开始对其进行投资，同时也包括一些有着比较强的猎奇心理的散户。这个阶段的后期，泡沫初步形成。因为这个时候，新产品或是新技术还在起步期，而现有的成熟的产品和技术看起来还是无法撼动。于是先参与投资的人心里开始打鼓，有些人选择把已经赚到的钱落袋为安。这一轮的抛售基本就是在宣告泡沫第二阶段的终结。

接下来的第三阶段，是泡沫最疯狂的阶段。新的产品或技术开始受到媒体的广泛报道，在民间也被广泛关注。又一批人涌入市场，造成价格开始疯涨。这个时候有些"头脑清醒"的人认识到这是个越吹越大的泡泡，他们或是选择不参与，或是非常自杀性地开始做空这个市场。没错，一般来说，泡泡早晚会破的，价格也最终会回归价值。这就是经济学上所谓的均值回归。但是泡沫之所以为泡沫，是因为它的价格偏离于价值的程度，无论是在金钱的绝对值上，还是在时间跨度上，都是可以碾压常识的。如果定力足够，坚持不参与泡沫市场，虽然可能错过了获取暴利的机会，但至少没有什么额外的个人损失。做空泡沫市场是非！常！要！命！的。在第四阶段，泡沫的投机参与者陆续套利离场，导致价格开始下滑。最后一个阶段则是恐慌期，价格天崩地裂，甚至往往在短期内价格会低于价值。就拿 21 世纪初的互联网泡沫来说，在破裂的时候连亚马逊等高质量公司的股价也从破裂前的高于 100 美元跌到了不到 10 美元。

今年（2024 年）年初的时候和人工智能相关的一些股票涨得非常疯狂。其中有一个叫美超微电脑股份有限公司（Super Micro Computer, Inc.，股票代码 SMCI）的股票 1 月 18 日的收盘价是每股 311.44 美元。2 月 12 日，这只股票一度达到了每股 810 美元。但是当天没有守住 800 美元，收盘在 773.01 美元。一般来说，像 800 美元这种超级大整数是个比较重要的坎儿。涨过去了又跌回来了，是个比较看跌的信号。于是第二天我在它又涨到 800 美元的时候进行了卖空。果然，没能涨过 800 美元。所以那天我成功地在当天的最高点建立了空仓，感觉好极了。没想到第二天开盘开在 823.1 美元。我原本感觉棒极了的空仓一下子就进入了亏损状态。我故伎重演地进入了"韭菜"模式。850 美元的时候我加大了卖空的仓位。当天收盘在 886.03 美元。亏得我有点懵。在本书的最一开始我提到过，作为机构交易员，我们的交易股数必须是 100 的倍数，而我第一次建的空仓每一股已经亏了 86.03 美元。

去健身房对着沙袋一通乱打之后，我冷静了一些。我想，不到一个月涨了将近三倍，傻了吧。这个公司在业务和产品上没有任何新的突破，所以并没有任何实质上的变化可以导致公司的估值一下子高了这么多。我觉得股票跌回到 800 美元一点问题都没有，而且这都是保守估计了。嗯，少说也得跌到 800 美元。这样的话我第一次卖空顶多亏一些手续费，第二次加大仓位的卖空是赚钱的。接下来的那一天，开盘在 945 美元。我简直无法相信自己的眼睛。一切都发生得太突然了，我提前没有想过这种可能性，也就更没想过如果出现这种情况该如何应对了。前一天收盘在 886 美元的话，今天高开了这么多，那么一开始跌到 900 美元左右应该有比较大的可能性。迅速计算了一下，我建了个五倍于之前两次卖空总数的空仓。想着跌到 900 美元出头的时候我就全都买回来，基本可以不赚不赔。

那一天的最低点是 917.71 美元，距离我的 916.01 美元的平仓的订单差了 1.71 美元。有那么几秒钟，我以为我得救了。但是股票开始迅速反弹，以一种让人来不及反应的速度。等到我觉得状况不对的时候，已经 950 美元了。我当天加大的仓位也已经进入了亏损的状态。我的账户锁定的 ××× 阈值已经连续三天被触发了。

根据我入职之后缓慢建立起的直觉，我知道这只股票今天不会回头了，只会继续强势上涨。于是我硬着头皮决定止损。但是我的订单更新速度慢于股票的上涨速度。我已经记不清我手忙脚乱地更新了几次订单了。等终于"成功"平仓的时候，股票价格已经在每股 986 美元了。我跌跌撞撞地冲向洗手间，还没有跑到马桶边上就开始呕吐起来。那一刻，天旋地转。我先是跪下，后是坐下，最后是躺下。在我自己的呕吐物里，我的手表在疯狂报警。我感到无法呼吸，眼前一片漆黑。

我没有再回到我的办公桌前。我挂着半身的呕吐物，目光呆滞地游走在街头。长这么大，那是第一次知道心理的创伤可以导致身体如此疲劳。我走不动了，只好坐在马路边，靠在墙上，和纽约街头的流浪汉没有什么两样。三天下来，我在这只股票上亏了二十几万美元。那一刻，我是真的真的觉得好累，累到再也不想站起来，累到连呼吸都觉得费劲。收拾自己，明天又是新的一天？何必呢？辛苦几个月把这三天的洞补上。然后呢？谁知道会不会再出现这样的事情呢？如果再出现了呢？又是辛辛苦苦几个月去补洞吗？什么时候能熬出头呢？没意义，一切的挣扎都没意义。

恰好当时看到一个白发苍苍的老人在垃圾桶里淘矿泉水瓶。纽约州的矿泉水瓶每个可以回收 5 美分。一瞬间，我泪如泉涌。我的不理性，我的上头，我点几下鼠标敲几下键盘的工夫，可以让这个老人在多长的一段时间里不用辛辛苦苦地一个街角又一个街角地翻垃圾桶。路上的行人来来往往。我觉得个人形象什么的，真的一点都不重要了。什么都不重要了。一个身上沾着呕吐物的失魂落魄的中国人坐在异国他乡的路边嚎啕大哭，真是给祖国丢脸了。

就像传说中人在去世之前会在脑海中回放自己的一生一样，我边哭边回忆起从小到大很多一直藏在心里的事情。我想起小时候，无意中有一天在床垫下面发现了很多钱。于是我三天两头在我发现的宝藏里面拿一些钱出来，在学校门口买各种小零食和小玩具。后来知道，那是我妈攒的钱。被过问的时候，我矢口否认。当时经常有同班的小朋友到家里玩儿。姥姥说肯定是某某某拿的，那个孩子全家都不正派。我只记得当时松了一口气。因为自己好像逃过了一劫。那是我人生中第一次失眠。某某某是我的好朋友，我没有为她辩护。更糟糕的是，她背的锅是我的。二十几年后的某一天，我坐在纽约街头哇哇大哭。我好想跟她说对不起。虽然她并不知道曾经为我背过锅，因为我的家长们只是背后怀疑了一下，并没有什么行动。可是，这句对不起，我背了将近三十年。

我又想起，转学到清华附小之后，中午经常和另外三个小伙伴一起到清华园里面玩儿。我们经常去荷花池捞虾米，然后带给"自然"课的老师养着。有一天，我们碰到学校里面最"恶霸"的男生和他的几个小跟班在荷花池里捞蝌蚪，捞了很多很多。他们把蝌蚪倒在路上，看着蝌蚪们无力地在地上蹦跶着，挣扎着，然后开心地去踩它们。我想让他们停下来。但是我的三个小伙伴拉着我让我别去，会挨打的。

那一天，我又失眠了。我闭上眼睛的时候，眼前全是跳动着的蝌蚪。第二天中午，我又去了荷花池。"恶霸们"也去了，他们又开始捞蝌蚪。我不记得我对他们说了什么了。只记得我被几个比我高半头的人围住，恶霸头头把脸凑到了和我的脸只有几厘米的地方，把牙齿咬得咯咯响。我也记得自己当时很害怕。我并没有挨打。他们也并没有再去捞蝌蚪。二十几年后的某一天，我坐在纽约街头，想起那一地被踩扁的蝌蚪，还是好难过。

也许每个人心里都有一些伤从来都不曾真的愈合吧。我们只是学会了自欺欺人地把它们藏起来。可是这样做又有什么错呢？作为成年人，我们早就失去了抓住过去不放的资本。生活不断向前，我们跌跌撞撞地用尽全力不躺平、不掉队，哪里还顾得上沉浸在过往的悲伤中不可自拔。大哭之后，我有点儿神经病地觉得还挺感谢当天的经历的，给了我一个可以心安理得地软弱一下的机会。

草木皆兵

不要满足于平庸，要尽你最大的努力做好。这样，无论成败，至少你知道自己已经尽力了。

——安吉拉·贝塞特

不知道你有没有好奇接下来 SMCI 这只股票怎么样了？我崩溃止损的当天，这只股票最高价是 1006.35 美元，收盘价是 1004 美元。第二天开盘在 1045.50 美元，最高涨到 1077.87 美元。接下来它开始跳水似地狂跌。如果没有之前的经历，我会在它跌破 1000 美元的时候建立空仓卖空。这一天，它的断崖似的下跌势头，加上之前一个月指数型的暴涨，是泡沫破裂的可靠信号。我按下了卖空的快捷键。那一瞬间，我再次感到天旋地转。我匆匆忙忙地连价格都不看地执行了平仓指令，往洗手间狂奔。又是一阵呕吐。不过这一次我很优秀地坚持到了马桶边上。

我靠在单间的隔板上，全身不受控制地发抖。没有我已知的词汇可以描述我当时的心情。在正常情况下，人在情绪非常强烈的时候，大脑会出于自我保护地进入待机模式，人也会因此变得麻木。这就是为什么有的时候人们得知某个噩耗之后，并不会悲伤大哭，而是很冷静地去做接下来该做的事情。可是那一天坐在洗手间里，我的大脑没有待机。我的每一根神经都被强烈的情绪冲击着。我不知道那强烈的情绪是恐惧，是悲伤，是愤怒，或是别的。下意识地，我觉得我应该做点什么来释放自己的情绪，在自己的神经爆裂之前。可是我不知道自己是想哭，想笑，还是想嚎叫。最终，我选择了嚎叫。而从喉咙发出的声音既不是尖叫，也不是呐喊，而是一种半死不活的哼唧声。声音没有爆发力，音量也很有限。但如果我站在第三方的视角，那将会是我听过的最绝望的声音。

哀嚎了不知道多久，我浑身颤抖着站起来，摇摇晃晃地走向交易大厅。我不敢看屏幕。因为我知道，SMCI 这只股票一定还在狂跌。这一事实只会给我带来更大的打击。我用机械开关强行关机，提前下班了。整整一个下午，我像中了邪似地一会儿掏出手机，一会儿把手机塞起来。我好想查 SMCI 现在多少钱了。我好希望看到它现在 1500 美元了，甚至 2000 美元了，都会让我的感觉好一些。但我知道，这种可能性几乎不存在。毫无疑问，这是 SMCI 被斩首的一天。而我却没有勇气加入这场必胜的战斗。一秒一秒地熬到了收盘，我看了一眼，收盘价 803.32 美元。还记得吗？前一天我的平仓订单在 916.01 美元，我最终追到的止损价格是 986 美元。再坚持一天，结果就不是赔二十几万美元了，而是赚 40 万美元。当然，如果我在当天看到了泡沫破裂的信号时可以自信地大力卖空，那么我新的空仓价格还会略高于我前一天止损的 986 美元，也就是说我的利润不是 40 万美元，而是更多。

再接下来的一天，SMCI 跌破了 700 美元。我深刻地记住了，永远不要试着去预测泡沫什么时候会破裂。这就是凯恩斯所说的"市场保持非理性的时间，比你保持不破产的时间要更长"。

不幸的是，这一笔对我精神产生了极大打击的交易，几乎成为我的滑铁卢。接下来的每一天，我即使看到了自己有把握的交易，也无法正常执行。即使鼓起极大勇气建起了仓位，也会飞快地清空，然后又是一阵天旋地转的眩晕。我知道我的状态很快就会被交易教练发现，然后我就会"被发配到加勒比海上去抓海盗玩儿"了。可是我想留下来工作，我想把 SMCI 上赔掉的钱赚回来。我就像一个被敌人杀得几乎全军覆没的将军，捂着箭伤断着腿却还在心有不甘地想着我要手刃敌人这八十万大军，夺回我的江山。可歌可泣又很可笑。

去年参加了一个校友野餐会，因为不够眼疾手快，所以零食类的东西只抢到了一包小浣熊干脆面。童年的回忆，也还算不错吧。因为我对健康饮食的执念一直保持着，所以这包小浣熊一直扔在沙发上。但就在这段压力很大的时间，我莫名其妙地对咸味产生了很强的渴望。于是我想起了冷宫里住着的小浣熊。

打开包装，拿出调料包，把调料撒回到包装里，然后挤碎干脆面，使劲摇一摇，就像小时候一样。吃完干脆面我感觉不满足，还想吃，于是跑去韩国超市（我住的附近没有中国超市）买了10包。没想到回家一口气就吃完了。于是我去韩国超市买下了所有的小浣熊，并且还在网上订了好几箱。接下来的几天，我每天吃小浣熊，从10包到11包到12包再到一整箱。由于盐分太大，一箱矿泉水我有时候三天不到就喝完了。看着镜子里自己肚子的侧面，感觉像是怀胎二十八个月的，再努力一把估计可以生个哪吒了。

因为饮食不健康，一方面我的身体觉得不舒服，另一方面我的心里也充满负罪感。我努力保持了将近十年的身材和健康，眼看着被自己一天天地挥霍掉。但是我每天吃干脆面就像是强迫症发作，即使又撑又渴，可还是停不下自己的双手。打开包装，拿出调料包，把调料撒回到包装里，然后挤碎干脆面，使劲摇一摇……打开包装，拿出调料包，把调料撒回到包装里，然后挤碎干脆面，使劲摇一摇……

那段时间，我申请在家办公。一方面我担心被交易教练谈心，另一方面我想窝在家里吃小浣熊。我的脑海里不断浮现出瘫在卧榻上吸大烟的留着辫子的清朝人——历史书上画的那种。我对自己的懦弱感到无比沮丧。我不知道为什么自己没有毅力不再吃小浣熊。我也不知道为什么在理性上知道自己已经很擅长短线交易了，却不能执行自己的交易计划。有一天我痛下决心，我不能再这样继续下去了。于是我把剩下的 14 包小浣熊扔进了垃圾桶。几分钟之后我又把小浣熊从垃圾桶里拯救了出来。我想，如果我把面饼拿出来再扔进垃圾桶，应该不至于疯狂到还把它捡出来吧。于是我打开包装，就像进入了自动驾驶模式，拿出调料包，把调料撒回到包装里，然后挤碎干脆面，使劲摇一摇……

"啊！！！！"吃完了 14 包小浣熊，我发出了绝望的呐喊。和半个月前坐在洗手间里不同，这次我竭尽全力用最大的音量一声一声地呐喊着，直到嗓子嘶哑，再也喊不出声音。我简直不认识自己了。那个曾经又理性又自律的我究竟去了哪里？

我终于鼓起勇气走进了交易教练的办公室。她语气沉重地告诉我，我的精神受创程度已经基本达到 PTSD（创伤后应激障碍）的标准了。她说哪怕是已经有了五到十年工作经验的交易员，如果在某一次交易中达到了 PTSD 的程度，可能也永远恢复不过来了。我说："我不信，给我一段时间我就调整过来了。"交易教练沉默了一会儿，说："人类是有极限的。我不是故意想打击你。我当然希望你可以恢复。但我有责任让你有这个心理准备。我也想让你知道，即使你真的在心理上恢复不过来了，也没有关系。你不要因为这件事情去否认你自己。即使不能再当交易员了，你仍然可以在其他的工作中做得很出色。"

不，我不能接受。那一刻我知道我要开始反弹了。人生的低谷，多数时候都是触底反弹。而我这次不是。我这次的反弹，始于有人告诉我，我没有反弹的可能性了，因为我已经没有弹性了。

我充满仪式感地去重新进了货的韩国超市买了一包小浣熊干脆面，重新把它安置在了它的"祖先"曾经居住过的沙发上。我非常确定，这包小浣熊会长长久久地生活在沙发上，没有被捕食的危险。

损兵折将

我们需要接受这样一个事实：我们不会总是做出正确的决定，有时我们会把事情搞砸——要知道失败不是成功的对立面，而是成功的一部分。

——阿里安娜·赫芬顿

其实在我的 SMCI 事件前后，我们组接二连三地出了各种事情，几乎导致全组被连锅端地炒鱿鱼。2 月 6 日，一只代码是 HOLO 的股票收盘价每股 1.51 美元。在这里顺便说一下，股价在 5 美元以下的在美国称为便士股票（penny stock）。很多投资机构，比如公共基金，是不允许持有价格在 5 美元以下的股票的，因为这些股票的公司一般都没有盈利能力，在交易所可能处于一种来也匆匆去也匆匆的状态，也许哪天就破产退市了。而这只代码为 HOLO 的股票，说来也有意思，它是一家中国公司。

好了，接着说这只股票所引发的一连串导致我们组损兵折将的事情。2 月 6 日它不是收盘在 1.51 美元吗？2 月 7 日它莫名开盘在了 3.76 美元，在没有任何新闻催化的情况下。于是它进入了我们组的一个交易员的关注视野。经过分析图表，5 美元是这只股票的一个很强的阻力线。这名交易员在聊天室里提到了这只股票。这个在业内叫作 call out，大概就是我发现了一个好机会，要跟大家分享。

当然，每个人看到了同事的 call out 之后，可以选择加入，也可以根据自己的分析判断选择不加入。不成文的规矩是你可以不加入，但不可以跟同事反着操作。比如同事 call out 了他建了空仓，你要么看着觉得这个决定很靠谱，也建起空仓，要么就什么都不做。但是万万不可以故意大力度买入这只股票来提高价格，触发同事的止损。止损单一旦触发，如果是空仓的话，那么就会进行非常狂野的买入来达到平仓的目的。如果是小公司的股票，这种狂野式的买入可能会对价格产生相对比较大的影响，进而进一步触发其他人的止损单。这种滚雪球式的买入会在短时间内导致股票价格上涨很多。那么这个时候故意触发同事止损单的人就可以开开心心地把自己手里的股票卖出去，从中获利。这种叛徒行为一旦被发现，这个交易员肯定是要卷铺盖走人的。

像我之前卖空 SMCI 时解释过的，大整数一般来说都是值得特别关注的价格。几百美元的股票，50 的倍数算是大整数，100 的倍数是极大整数。但是像 HOLO 这种 1 美元多的股票，每一个整数都算是大整数。5 的倍数是极大整数。如果股票短暂涨过了 5 美元却很快掉头下跌的话，那么这就是个比较好的卖空机会，尤其是在这只股票没有任何新闻催化的情况下上涨的话。

我作为年限低的交易小白，是不敢交易这种涨幅超过 100% 的股票的，所以我在同事 call out 之后没有加入。当天这只股票收盘在了 18 美元整，最高达到过 18.61 美元。这就可见卖空这件事儿本身风险是非常大的。为什么呢？买入一只股票的话，最差最差的结果是这只股票退市了，赔了 100% 的钱。卖空就不一样了，我 5 美元卖空了，结果它 18 美元了，我平仓在 18 美元的话就是大于 300% 的损失。当天就是这样，我们组的很多人加入了卖空，然后大家滚雪球一样地被止损，损失惨重。那位 call out 了这只股票的交易员心里非常愧疚。他的愧疚我完全理解。虽然所有加入卖空的人都是基于自己的分析，心甘情愿地加入的，但换位思考，如果我是他的话我一样会觉得很愧疚。

到了收盘的时候，全组的心情本来都已经很沮丧了，却又传来了噩耗——这个交易员因为负罪感而发生了一些在此不便详述的事故。大家急急忙忙地打 911，把这个同事送进了重症监护室。

第二天，我们组除了我这个交易小白之外，集体卖空 HOLO。当天这只股票一度涨到了 41.53 美元。多数人还是理性地止损了的。但是有两个人决定死扛。后来 CCO 打电话过来让这两个人平仓，他们愤怒地挂了电话，无视 CCO 的要求。"死罪"！这两个人当场被解雇了。

接下来的几天，我们组像中了邪一样，每天都在卖空HOLO。2月16日，很讽刺的，SMCI被斩首的同一天，这只股票一度飙升到了98.40美元。还记得吗？10天前它收盘在1.51美元。那一天，我们全组的止损被触发。这前前后后的十天时间，我们喜欢游山玩水的组长大人去非洲探险了，因为没有信号所以联系不到。我们组被公司创始人之一接管了。其实也难怪我在SMCI上面栽了大跟头之后没有人顾得上我。连交易教练都没有像我一开始担心的那样发配我去"抓海盗"。后来知道，从同事出事到我们组被创始人接管，我们全组赔了8000多万美元。相比之下，我赔个二十几万美元真是太省钱了，谁有空搭理我啊。要知道，我们组之前一共就十个人。一个出事了，两个被解雇了。剩下七个人，和一个8000多万美元的大洞需要去补。值得庆幸的是，出事的同事没有生命危险。但是出院之后主动辞职了。

再后来我们组长从非洲回来了，知道了他不在的两个礼拜发生的各种事情。我本来以为组长可能特别受打击或者特别生气。但是他只是苦笑着摇了摇头，说："好在你们捅了个这么大的窟窿，否则咱们组就被连锅端了。公司肯定是想，把你们都轰走了谁来补洞啊？没事，咱们一点一点把洞补了吧。"那一刻，我对组长大人肃然起敬。我百思不得其解的是，HOLO这只股票连我都能看出来它是不能卖空的，风险太大了，为什么比我资深那么多的同事们日复一日地卖空它，然后又日复一日地被吊打。后来跟交易教练聊起来，她说她可以理解。我组里的人多数都有参军经历。战友的事故让他们进入了血战到底的模式，即使没有胜算。她说这些信念是刻在骨子里的，不是理性可以解释的。

我忽然间理解了，人的一生，有些事情值得我们无论如何也要为它而活着；还有些事情，就算为它死掉我们也心甘情愿。再去看身边的同事们，觉得他们确实都挺汉子的。并不仅仅是因为一身的肌肉。

本来觉得写到这里，这个故事就算是讲完了。但总觉得应该交代一下HOLO接下来怎么样了。2月23日，也就是我们组被团灭的一周之后，这只股票跌破了10美元。从5月份开始，它的股价再也没有上过2美元。事实上，在6月18日，它正式跌破了1美元。相信在这"白菜价"，会有人安心地屯上一些股票，也许某一天，泡沫的大戏会重演。谁知道呢？

宕机专业户

我总是做一些我还没准备好去做的事情。我想这就是你成长的方式。当有"哇，我真的不确定我能做到这一点"的时候，你在这些时刻奋力前行，那就是你有了突破的时候。

——玛丽莎·梅耶尔

读到这，你可能一方面觉得股市太疯狂了，另一方面觉得还是买基金或者 ETF 然后长期持有比较靠谱。这样做的风险的确要小很多，但不可否认的是，无论是我卖空 SMCI 被 KO，还是我们组卖空 HOLO 被团灭，其实都是可以避免的。就拿我卖空 SMCI 来说吧。我看到它短暂涨过 800 美元，然后开始下跌，进而决定卖空。这基于当时的所有信息，是一个正确的决定。问题出在第二天开盘的时候它的开盘价直接跳过了 800 美元。这是一个新的信息。将这个新的信息考虑在内之后，我应该立即止损，甚至把空仓反过来变成买入持有这只股票，或者顶多在开盘之后观察一下它的价格趋势是什么样的，判断一下有没有可能以稍微划算一点的价格止损。但仅仅基于 SMCI 跳过了 800 美元这个价格这一事实本身来说，它当天跌下 800 美元的可能性几乎是不存在了。我不能很绝对地说它不可能当天跌下 800 美元，毕竟一切皆有可能，但至少从概率上来说，这种概率极小。而炒股归根结底是个关于概率的游戏，想要长期在股市中存活，必须选择站在概率有利于自己的一边。

从技术细节上来说，为什么 SMCI 开盘高于 800 美元，它当天跌到 800 美元以下的概率几乎不存在了呢？因为前两天它的价格波动大家有目共睹，其抛物线式的上涨导致关注它的专业交易员是很多的。用和我类似的逻辑选择在 800 美元做空的也大有人在。这对于做市商来说，是个绝佳的机会。开盘在 800 美元以上，会像滚雪球一样地触发所有在 800 美元做空的人的止损（我这种愚蠢顽固的"韭菜"除外），而这些人的止损购买就成为这只股票大幅上涨的燃料。毕竟股票的交易有买方就一定有卖方，对吧？那卖给这些止损交易员的人是谁呢？可能是一些决定套利的散户。但这个可能性比较小。在股票已经涨了好几倍之后，胆小的散户在只涨了一点点的时候就已经离场了，贪心一些的散户现在正处在狂喜期，是在脑补这只股票永不回头地涨到 1000 美元、2000 美元，甚至 10000 美元的。所以从大概率上来说，卖给这些止损交易员的，是做市商。

你是不是在想，做市商这个时候为什么要卖呢？按我的逻辑，这只股票会继续上涨，那做市商不是等等再卖更划算吗？还是那句话，股票的交易，有买方就一定要有卖方。做市商有责任在有人想要购买的时候充当卖方。他们会在大家急切购买的时候（急切购买可能来自看见价格疯狂上涨，争先跳上车的投机人，也可能来自仓皇止损的卖空者）努力抬高价格，但是其他市场参与者的购买意愿一定是会得到满足的。这种大家争相追高购买的情况一旦出现，就会出现我想要止损，几次更新订单都买不到股票的情况。因为我使用的订单性质是我给出我可以接受购买的最高价，如果没有人愿意以这个价格出售，那么我就买不到股票来平仓。所以我只有重新更新订单，把我可以接受的最高价抬高。要知道，我的订单不能被满足这个事实本身已经足够证明此时此刻这只股票是个香饽饽，大家争着买。

当然，不是所有的订单性质都是我使用的订单性质的。散户大多使用的订单是我决定现在买了，谁出的卖价最低我就从谁那买。这种订单是一定会得到满足的，风险在于你看到的价格和你最终买到的价格可能有比较大的差别，尤其在价格涨得非常豪迈的时候。所以一般专业交易员是避免使用这种订单的。我因为入行时间有限，没有亲身经历过这种疯狂，所以我的快捷键没有对这种"无论是啥价格我都买"性质的订单进行编程。

做市商是靠买卖之间的差价赚钱的，他们以高价卖出，以低价买入。在一只股票疯涨的过程中，如果来自其他市场参与者（无论是散户还是基金公司之类的机构）的购买需求高于来自其他市场参与者的供给的话，做市商将扮演卖家的角色。而这种买卖需求的不均衡会导致做市商账本上出现空仓。但是由于做市商的无限的资金供给，这些膨胀的空仓对做市商不会产生威胁。但是任何一只股票，总会在某一个时期出现购买意愿枯竭的时候，无论是因为这只股票的价格真的太高了，再头脑发热的人也想等价格再低一些的时候再买，还是因为所有想买入这只股票的人都已经上车了。总之，原因不重要，我们只需要知道，购买意愿枯竭的时刻总会在某一个价格出现。这个价格出现的时候，看着股票不再上涨，有些人会开始紧张，于是赶紧抛售手里的股票。投机做空的人也会看准机会建立空仓。这些忽然出现的供给会在股票已经失去了自然需求的时候以极大的幅度与极快的速度压低股票的价格。而价格的忽然下跌则会造成股票持有者的恐慌情绪，他们想在价格跌到更低之前，尽快把手里的股票出手。

当然，这个过程中也会引来更多的投机做空的人。如果股票价格跌到了某个很多投资人认为合理的区间，那么会重新产生对股票的购买需求，当这种需求足够大到可以均衡售卖需求的时候，股票的下跌趋势会得到缓解。而在这个下跌的过程中，做市商和一些看到股票便宜了一点点就迫不及待买入的人就充当了购买者。做市商在价格一边下跌一边购买的过程中，账本上的空仓就逐渐被抵消了，而他们所买入的每一股，都是在上涨过程中以更高价格卖出的。其间的差价，就是利润。

由此可见，做市商是有动机"带动"股票出现大幅度波动的。像开盘在 800 美元以上这种情况，就是带动股票上涨的很好的方式。所以你看，我分析得头头是道，但还是傻不拉几地不及时止损，是不是有点毛病？我现在当然可以分析得头头是道，因为我现在喝着茶坐在电脑前，并没有任何仓位，也没有任何的个人资产波动。在瞬息万变的股市中，尤其是在赔钱的时候，人的理性大脑是会宕机的。

在《思考，快与慢》(Thinking, Fast and Slow) 一书中，2002 年诺贝尔经济学奖得主丹尼尔·卡尼曼把人的思维分为两个系统。系统一是那个所谓的"快"系统。它是一种近于条件反射似的自动化的运作，几乎不费力气，也不受自主控制。手碰到很烫的东西时会缩回来，就是系统一的产物。与之相反，系统二是那个所谓的"慢"系统。它需要调动我们的脑细胞。做复杂计算的时候，我们动用的主要是系统二。对于股价的各种分析，以及基于分析，选择对自己最有利的行为，显然是需要动用系统二的。但是在高压情况下，系统二的启动是非常困难的。这是人类进化的结果。想象一下咱们的祖先在非洲大草原上看到了迎面跑来一匹猎豹，系统一会让他／她撒腿就跑。如果要靠系统二，像一休哥一样坐下来舔舔手指头在头上画圈圈，那就完蛋了。自然选择帮我们筛选掉了一休哥类型的祖先。在压力下宕机，也是有助于生存的——被猎豹追着的时候，身体的各个机能与器官都全力以赴支持逃命是最佳的。

那么现在你是不是有点明白为什么我们组里除了我一个打酱油的，其他人不是打仗的就是打架的？他们习惯的压力程度是自己的性命或者是门牙受到威胁，而不是兜里的那几个钢镚儿。股市波动带来的压力对他们来说简直是小儿科，他们有能力时刻保持冷静。宝宝我呢？相比之下真是啥都没经历过。就像是一朵生活在温室里的臭臭花。所以每次出现股票价格走向跟我的预期不相符的时候，我就会迅速进入宕机状态。

刚入职的时候买和卖会弄混，就像刚学开车的时候刹车和油门傻傻分不清，想打右转向灯结果雨刷开始刮啊刮。更凄惨的是偶尔不但买和卖傻傻分不清，多少股也算不对。明明卖空了500股，狼狈不堪地买回来了200股，正靠在椅子上松一口气，发现怎么还有300股的空仓。脑袋顿时变成宕机2.0，3秒之后可能变成了600股的空仓——买卖又弄反了。

在我刚入职没多久的时候，组里就让我带了个实习生。我妈都奇怪怎么还没什么经验呢就让我带徒弟啊。后来我知道了，组里人老早就发现我的分析能力A+，非常适合教别人，但是执行能力为零。说得好听点就是真的开始交易了，我的分析能力就扔到窗户外面去了。说得不好听点就是真的开始交易了，我连窗户在哪都不知道了。

我想，南非那家全是专业网球运动员的自营交易公司也是如此吧。专业运动员也需要有在高压下做决策的能力。对手发球过来，我一休哥附体地坐地上舔手指画圈圈，想着怎么接这个球比较好，大概不太合适。

跟不少人相比，我的深入思考能力应该算是比较优秀的。对于股票市场的分析以及运行逻辑，我很自信我的水平不亚于很多炒过的股比我炒过的饭还多的交易员。我从小就喜欢解数学题，喜欢思考各种逻辑问题以及一些人生大问题，比如中午是吃鸡腿还是吃牛肉。我也喜欢打电脑游戏，但我喜欢的游戏类型一直是《帝国时代》《文明》《全面战争》这种策略型的游戏。CS 之类的有点需要心率产生一定加速度的游戏我就不是很喜欢。更夸张的是，就算是玩儿《帝国时代》的时候，我也要经常按下暂停键，思考一下接下来怎么打，然后再让游戏重新开始。××××（请自觉脑补一个你比较喜欢使用的脏话，如果没有的话，这个地方可以勉强用"喵"顶替一下），要是股市能让我按个暂停键，我现在银行账户里的钱应该已经可以解决美国的债务危机了。

今天，你止损了吗？

克服痛苦的经历就像穿越猴架。你必须在某个时刻放手，才能向前迈进。

——C.S. 刘易斯

综上所述，我本来在交易的时候脑子就容易宕机，结果又被 SMCI 事件摧残到有点 PTSD 了。所以交易教练担心我从此就告别股市了并不是没有依据的。如果说这一年多的时间里，我打退堂鼓想辞职有五百多次的话，这应该是非常认真的那三十多次之一。我妈和我的三个最好的小伙伴都曾经劝过我，为啥非要用自己的短板和人家的长板去比？我明明逻辑能力和分析能力都很强，有不少工作我做起来不需要这么费劲就可以很出色，但我偏偏选了这个对心理素质要求很高的工作。情绪管理是我非常严重的短板，大街上随便抓一个人来跟我比，大概率我是比不过人家的。同样大概率的是，大街上随便抓来的这个人的情绪管理能力也并不能胜任自营交易员的工作。

我也想过好几次，我这样在精神和肉体上摧残自己到底是何苦呢？是想向别人证明什么，还是想向自己证明什么，还就仅仅是跟自己过不去？我不知道。即使经过深刻的灵魂拷问，我还是不知道。如果你问我后不后悔，我可以肯定地回答我并不后悔。但是深刻的灵魂拷问告诉我，我的不后悔有一种可能性是传说中的沉没成本谬误。沉没成本谬误是什么呢？它主要描述的是人们在已经投入了时间、金钱或是努力的情况下，所产生的一种更加要持之以恒、坚持不懈、不撞南墙不回头的执念。它是心理学上非常常见的一种认知偏差，我们几乎每个人都在某个时期对于某些事情产生过这种认知偏差。

举个例子来说可能更容易让大家产生共鸣。比如说在一个风和日丽且没有雾霾的周末，我忽然打算去爬长城。说走就走！结果在八达岭高速上堵了一个小时之后终于意识到，这不是属于我一个人的风和日丽。几乎全城的人都决定今天出去兜风。看看导航的计算，我可能还需要堵一个小时才能到长城。明明现在堵车堵得已经没有兴致了，只想回家躺平，没有心情去登高望远，顺便高歌一曲了。但是我想，算了算了，一个小时都堵过来了，再坚持一下吧。最终的结果就是又堵了很久终于到了长城，然后又排队排了很久终于停了车。长城人多得需要排着队上下，即使登了高，看到的也不是祖国的大好河山，而是清一色的自拍杆。接着又是漫长的堵车，终于回到家的时候感觉整个人都被抽成真空了。这个结果在我意识到这不是属于我一个人的风和日丽的时候就可以预测了。

所谓的沉没成本就是我已经堵了一个小时车这个事实。它之所以叫沉没成本，是因为作为既成事实，我们已经不能改变它了。我们能做的，就是基于已有的信息，决定是要掉头回家，还是继续堵车，去爬那个自己已经不再想爬的长城。这个时候掉头回家也不会太堵车，因为上午的车流方向主要是从城里流向城外的。既然长城对我已经没有吸引力了，那么掉头回家当然是更好的选择。下午没准还能去北海荡起个双桨什么的。是不是已经花了一个小时堵车，并不应该成为我们做决定时的考虑因素之一。但是多数人在做决定的时候，都是想想已经堵了的这一个小时的车，觉得好像不去长城就亏了，还是去吧。

类似的思维方式其实随处可见。有些公司投了一个失败的项目，明明从现在算来，完成这个项目所需要的额外资本是要超过可预见的收入的，却还是源源不断地往这个失败的项目里砸钱，因为感觉放弃这个项目的话之前砸的钱就白砸了。可实际上问题的核心是未来继续砸进去的钱相比于收益，也有一部分是白砸的。

已经订了去三亚度假的宾馆，后来发现那些天三亚阴雨连绵，并不能满足自己在沙滩上晒太阳的初衷。在明明还没有订机票的情况下，还是一咬牙一跺脚把原本可以省下的机票钱砸进去，然后去煎熬了一个自己并不享受的假期，要不然总感觉订宾馆的钱就白花了。所以我们又把机票钱和自己的宝贵假期时间砸进去给订宾馆的钱陪葬。

明明谈了五年恋爱之后越来越觉得两个人不合适，但还是一咬牙一跺脚去领证了，好像要不然这五年就白谈了。不知道为什么，领了证之后的五十年的不合适在当时来看好像并不是那么重要。

股票止损是一个道理。明明基于现在的信息，股票继续下跌的可能性非常大，仅仅因为已有的仓位已经赔钱了，我们不但不愿意止损，反而有时候把更多的钱砸进去接着赔。

从做理性决定的角度来说，抛开沉没成本谬误是非常有必要的。在每一个做决定的时刻，我们该去权衡的得失应该纯粹是基于对于未来的预测的，过去发生的、已经无法改变的既成事实并不应该干扰我们的决定。在这一点上我爹他老人家的脑回路就特别清奇。我觉得他比抛开沉没成本谬误更进了一步。以前有一次和爸妈一起去外面吃饭，我们仨对自己买的饭都不是太满意。我和我妈都是不爱吃也凑合着吃吧，要么就白花钱了。我爹就不是，他就可以一口不吃地再去买个别的吃。他的理由是，我花钱买了这个难吃的饭已经亏了，要是我恶心着自己把它吃下去不是更亏了？这个境界不一般。我到现在还是不小心点了自己不爱吃的菜之后捏着鼻子也要非常努力地把它吃下去。

在华尔街被反复吊打的这将近两年里，我越发觉得这份工作不仅仅在金融市场中以粗暴的方式在给我上课，从中学到的一

些道理其实也在揭示一些人生哲学。从某种意义上来说，股市像是个脾气又急又暴的老师，对学生又打又骂又体罚，丝毫不留情面。但这个暴力老师教给我的课程，却是可以终身受益的。当然，被摧残到精神或者身体出现了不可逆的损害就另说了。就像止损这件事，在股市里不止损，可能会非常快地从一个可以接受的小损失放大成一个难以接受的大损失。如果非但不止损，还继续加大已经在赔钱的仓位，最终的结果也许就像我卖空 SMCI 一样吐晕在洗手间。

在人生中，我们往往会在大大小小的事情中反复犯着不止损的错误。我很多年前明明已经不再喜欢化学了，却还是申请了化学的博士项目。要不是碰到了暴力师兄，我现在可能正窝在辉瑞继续炼丹呢。又有多少人天天碎碎念着不喜欢自己的工作，却日复一日地混着，从三十岁就开始倒计时着熬退休。人生有那么多的可能性，在对现状并不满意的情况下如果深陷沉没成本谬误而不去探索新的可能性，实在是很对不起自己。我至今还记得下决心从化学博士项目退学时的如释重负感。没错，我不知道我接下来会去哪里、会做什么，甚至也并不知道自己喜欢什么。但至少我知道，我跟我不喜欢的说了拜拜。

今天，此生，你止损了吗？

短板短板奈若何

最好的出路永远都是勇往直前。

——罗伯特·弗罗斯特

这个世界上所谓的真理并不太多，但我坚定地认为"每个人都有短板"是真理之一。一个人要是没有短板，那真是太糟糕了！因为这说明这个人也没有长板。感觉自己在玩儿文字游戏。但就是这么个道理啊，长与短是相对的。可能一个很厉害的人的短板比另一个很挫的人的长板还长。真是气人。

关于短板是应该努力把它拉长一点，还是努力避开它，我纠结困惑了很久，到现在其实也并没有纠结困惑出个像样的结论来。遗憾的是，真正很意义深远的短板是很难绕开的。比如我的情绪控制。我很容易对自己感到失望，一旦感到失望了就开始破罐破摔，然后把情况越弄越糟，直到糟到一定程度之后才能满足我对失望感的渴望。这句话读起来有点拗口，又好像有点缺乏逻辑。拗口当然主要归咎于我的语言表达能力了。但是缺乏逻辑这一点……因为这件事情真的就没有逻辑！我有时候感觉自己简直是对失望和痛苦的感觉成瘾一样。一旦开始有一点点失望的感觉产生，我的大脑就不断地再发出指令：再来点！再来点！这不是有毛病吗？！

事实上，我确实在一本"鸡汤"书上看到过所谓的情绪上瘾理论。这个理论大概是这样的：我们的大脑会对我们习惯的感受产生成瘾性。对一个习惯焦虑的人来说，大脑会深陷焦虑的感受而不能自拔。这个观点似乎可以解释为什么有的人好像比较容易快乐，而有的人容易不快乐。也许前者的大脑对快乐的感受比较熟悉，产生了依赖感，所以即使遇到了糟心事儿，也还是能毫无阻力地回到快乐的频段。我真的觉得"你要乐观一点啊""你要有正向思维啊""你要学着往好的方向看啊"之类的话听起来特有道理，但一点用都没有。是，我是想乐观，我是想积极，我是想往好的方向看。但是我似乎得特别费劲地给自己灌鸡汤，把油门踩到底，跟唐僧似的一刻不停地碎碎念："要积极，要乐观，要积极，要乐观……（Ctrl+C，Ctrl+V 中）"，才能勉强在乐观的坐标轴上往正向移动一点点。稍不留神，就出溜回去了。我觉得人真的不是自己想乐观就乐观、想快乐就快乐的。每个人的基线就是不一样。

用情绪成瘾理论来看，我的大脑最擅长的事儿大概就是嫌弃自己，其次是想着下一顿饭吃什么。根据这个理论，我应该有意识地尽量减少自我嫌弃的频率，抓住一切机会来表扬自己棒棒哒。我承认，这很难，真的很难。必须要特别努力地刻意去打方向盘。万有引力是站在自我嫌弃那边的。我不知道我是怎么在以前的人生里把自己的大脑在自我嫌弃技能上刷到爆表的。好在时光机目前并不存在，否则我一定穿越回去把年轻的自己手刃了。但想想又觉得好像有哪里不妥。

我记得第一次看到情绪成瘾理论的时候，它的解释是每种情绪都会诱导身体分泌不同的化学物质（此处我认为更准确的也许应该是不同化学物质的组合，比如多巴胺、内啡肽或者单胺氧化酶抑制剂、肾上腺素之类的比例不同），大脑实际上是对这种化学物质上瘾。我对神经科学没有特别深入的研究，基于我比较浅显的了解，我觉得这个说法似乎是有一定依据的。

不过我觉得对于情绪成瘾，也许有一种更直观的方式可以解释吧。与其说是情绪成瘾，不如说是思维定式。思维习惯本身，也可以看作是学习的结果。忽然想跑题一小下。刚开始学日语的时候发现日语里"学习"的汉字写法是"勉强"，当时觉得日本人真是太耿直了！好好勉强，天天向上，挺不错。好了，回到正题。在进行学习的过程中，我们的大脑主要经历三种变化模式。第一种是化学变化，也就是神经元之间通过化学物质传递电信号，生成短期记忆；第二种是物理变化，指的是经历了重复刺激之后，神经元在结构上发生了物理变化，进而生成长期记忆；第三种是功能变化，也就是大量神经元的连接组成功能性网络，这个网络可以在相似的外界刺激下快速激活。

　　造成短期记忆的化学变化其实就是在外界的刺激下，两个神经元之间通过化学物质传输了若干次电信号。就像俩人邂逅，眉来眼去一下。外部刺激越强，短期记忆就越深刻，但是要让这个记忆变成长期的，还是需要更多的重复练习的。你是不是不服气地在想，不对啊，我五岁的时候被狗咬过一次，现在都记得。我又不是天天练习被狗咬，为什么被咬了那一次就变成长期记忆了？你是不是被咬了之后哭着跟爸爸说，跟妈妈说，跟姥姥说，跟姥爷说，跟爷爷说，跟奶奶说，跟各个叔叔婶婶七大姑八大姨说，跟隔壁老王、卖烤串的老李，跟所有愿意或者不愿意听你碎碎念的人告状说被谁谁谁家的狗咬了？要是会汪汪叫的话，没准跟狗妈妈还得去告个状。你是不是自己也回忆了好几次被狗咬的细节？甚至夜里还会梦到？很遗憾，这都是传说中的重复练习。

　　在重复中，短期记忆就转化成了长期记忆。就像俩人没事儿就眉来眼去一下，慢慢相互了解信任，也许就形成了比较稳固的关系。但只是"比较"稳固，好久不联系还是会分手的。披上科学的外衣就是重复次数不够，包裹神经元的髓鞘脂没形成，或者长期不交流，神经元就会分开。就像是现在我虽然还能背出来元素周期表，但是好多元素的原子量已经不记得了。现在还能背出来元素周期表是因为在好几个人一起吃饭的时候，如果有人聊的话题我实在不感兴趣，我就会开始在脑海里唱起我自编的元素周期表之歌（不是 Sheldon[1] 那个版本的），进而营造出一种我对实际上认为无聊至极的话题感到幸福快乐的假象。原子量就不一样了，我已经八百年用不到了，所以它们都离我而去了。

♫氢氦锂铍硼♫

　　大脑功能变化就是一堆神经元组团打怪久了，组成了功能网络，提高了协作效率，进而可以在相似的外界刺激出现的时候被快速激活。我认为我的自我嫌弃就已经达到了这个阶段。自我嫌弃的神经元军团在它认为合适（而我认为非常不合适）的

----

[1]　美剧《生活大爆炸》（*The Big Bang Theory*）主角之一。

时机，被一点点的风吹草动迅速激活，欢快地进入战斗模式。

可能每个人大脑里都有一个到若干个这种挺让人头疼的军团吧。对我来说也许是自我嫌弃，对于隔壁老王来说也许是焦虑，对于另一个某某某来说也许是愤怒。从神经科学的角度来看待这些情绪，和从情绪成瘾的角度来看，结论都是一样的。想要改变这些"成瘾"的情绪，我们需要即时意识到这些情绪的产生，并且努力去打方向盘远离它们。注意，我这里说的不是避免这些情绪产生的诱因。这些负面的思维方式是我们的心魔，是纯粹内在的东西。容易愤怒的人是可以在一切鸡毛蒜皮的小事上"爆炸"的，并不是避免了超级无穷糟心的事儿，他们就变成了不嗔不怒的小天使。

我的自我嫌弃也是可以在绿豆大的小事上排山倒海而来的，并不需要我以多么笨拙的方式搞糟了多么重大的事情。鉴于我之前已经安利过冥想练习了，这里就不多说了，否则有一种江湖术士的嫌疑。但冥想对于这个问题还是非常有帮助的。一方面，它可以提高我们的"自觉性"，在情绪产生的时候及时意识到，从而抑制情绪的进一步扩大。另一方面，正念冥想可以帮助我们有意识地练习比较正向的思维方式，用一种眉来眼去起来更令人愉悦的思维来加速和不令人愉悦的现任分手的速度。

至于我们是应该努力把自己的短板拉长一点，还是努力避开它，也许没有唯一正确的答案吧。就我自己而言，我认为把短板补一补是一件非常有意义的事情，即使不出于把工作做得更好、赚更多钱等功利性的目的，变成一个更好的人，总是令人向往的。而在一份对自己的短板要求很高的工作里死去活来到底是不是个明智的选择，也许也没有所谓的正确答案吧。犯得着吗？大概犯不着。有意义吗？很有意义。我的情绪短板我早有察觉了，也受过它的不少拖累。如果不做这份工作，也许我没有足够的动力去补这块短板。或许带着这块短板找一份"正常"一点的工作，我也可以混得还说得过去，也不至于某天吐晕在洗手间或者成为小浣熊连环杀手。但这块短板会像一个并不要命的慢性病，在我的一生中兢兢业业地拖累我。至于是一生被温和地拖累，还是在短时间内被折磨得死去活来，真的纯看个人选择了，并无对错可言。只是我选择了后者。

嗨，Champ

没有纪律塑造的思想，就不可能有真正的自由。

——莫提默·J.艾德勒

前面介绍过我们的交易教练。我思来想去，总觉得应该专门用一章来写一写我们的组长大人。我坚定地信奉"三人行，必有我师焉"。每个人身上都有我值得学习的地方。但坦诚地说，我是个挺骄傲的人，我敬佩的人其实没有几个。组长大人是位列其中的。据说很多自营交易公司都有给人起外号的传统。我们组的多数人也都有外号。我们组长的外号是"Champ"，冠军的意思。一方面是因为我们组长现在还沉浸在他老人家当年成为搏击世界冠军的光辉历史中不能自拔（还记得吗？他办公室的六块屏幕里有一整块是他举着奖杯的照片），另一方面是因为在股票交易上，他几乎是战无不胜的。

他在股票交易上的业绩并不是我对他敬佩的原因——世界上有太多工作上很出色，做人却很失败的人了。还记得吗？在非洲大草原上游牧回来，发现组里一下少了仨人（百分之三十啊），账本上少了8000多万美元，Champ很淡定地，甚至略带幽默地鼓励大家接下来加油。其实自由搏击这个活动在美国主要是穷人家孩子的活动。很多人走上自由搏击之路是通过在一些搏击比赛里赚一点钱。有些酒吧、赌场就偶尔举办这种活动。参赛的人，即使输掉，也可以得到一定的报酬，因为赛事为举办方带来了人气。这种拿命换钱的工作，稍微富裕一些的家庭，都是不希望孩子去做的。Champ 是个家境很好的白人。他练习自由搏击的原因是他从小就非常体弱和胆小，经常因此受到哥哥的嘲讽。也许那种逆流而上的不服输的精神从那时候就开始形成了吧。

Champ 虽然很能打，但是为人并不暴躁。不像曾经坐在我边上，把键盘上的字母 W 打到我脑门上的大哥，一样很能打，却有点暴躁。总觉得在我们组非常动荡的那两周里，如果 Champ 在的话，也许一切都会不一样。对于交易员来说，ego 是最大的敌人之一。"ego"这个词我始终不知道怎么翻译才准确。它类似于自负，也类似于自尊，但无论是自负还是自尊，都不是很能准确表达出它所包含的，有一丝丝微妙的东西。如果说一个人 ego 很大，主要是指这个人不喜欢自己的权威被挑战，也不喜欢承认自己的错误。这样解释的话，估计大家一下子就能联想起身边的好几个 ego 很大的人。没错，ego 很大的人确实一抓一大把。

但 Champ 就不会被自己的 ego 所左右。如果碰到之前把我们组团灭了的 HOLO 那种股票，Champ 准会在聊天室里说："额，算了，我还是不碰这种股票吧，太刺激了。"一般这种时候，大家对于是否交易这只股票，都会更加慎重地考虑。他从来不会羞于承认有些股票他担心自己玩儿不转，所以不碰。另外一个组的组长因为 Champ 在交易上的保守，经常管他叫 Pussy，也就是娘炮的意思。但即使这样被羞辱了，Champ 也不会去找一个价格上蹿下跳的高难度神经质股票来证明自己多勇敢、多爷们儿。

在 Champ 的影响下，我们组的整体风格就比较保守，大家重点交易的主要是谷歌、苹果、微软、亚马逊这类超大市值公司的股票，虽然每天的波动并不大，但由于风险比较小，大家可以放心地用比较大的交易量来换取足够的利润空间。而且这种股票每天的交易量都非常大，比如苹果，每天的平均交易量在 6500 万股左右，所以买卖个几千股不会遇到任何障碍。那些跳楼机似的蹿上蹿下的股票比较"适合"散户。网上看到的那些在车库里用手机炒股，把从老爹那借来的 200 美元变成 1 万美元的一般都是玩儿这种跳楼机股票的。之所以"适合"两个字被我打了引号，是因为这些传说中的华尔街杀手们光鲜一时之后一般都很快又把 1 万美元变成了 200 美元，然后是 20 美元或是更少。

这样说好像我对华尔街很袒护，其实不是。我正式开始在街上混之前，也对这种可以一夜暴富的股票（或是电子货币）垂涎欲滴，脑子里羡慕过不知道多少遍，"哎呀，200 美元变 1 万美元，那我要是投了 2 万美元，那就是 100 万美元啊。不错啊！"现在，这种不靠谱的白日梦我觉得做起来真是浪费时间以及侮辱自己的智商。这不是投资，甚至不是投机，甚至连赌博都算不上。像 21 点或者扑克这种可以用概率计算的赌博，其实是有技术含量以及可以用统计学来科学地赚钱的。买跳楼机股票，算了吧。

我不是想抬高华尔街，贬低散户。有很多非常厉害的散户，我会在后面介绍一位我非常敬佩的散户。但这些厉害的散户是以专业的精神对待炒股的，像专业交易员一样根据分析来做出理性的买卖决定。我很痛恨那些撞了大运把 200 美元变成 1 万美元然后在网上大肆宣传的非专业散户，因为他们给很多人带来了错误的"希望"。每次看到有人把孩子上大学的钱或者自己的退休金甚至是自家的房子都赔光在那些连名字都没听过的便士股票或是电子货币上，我都感到很心痛。没错，都怪他们的贪婪。但贪婪是人类的本性，我恳请大家不要去做那个在其他人的贪婪的小火苗上浇上一桶油，让它熊熊燃烧掉人家的理性和常识的人。

Champ 不碰自己玩儿不转的股票，是不是有点儿缺乏自信？恰恰相反，我认为这是真正的自信。他知道自己擅长什么，也知道仅仅凭着做好自己擅长做的交易，就可以从业绩上碾压那些质疑他的人。在某年8月底的一个采访上，被问及他的收入。Champ一开始是拒绝回答的，但在主持人的坚持下，Champ透露说那年到目前为止他的利润是2000万美元多一些。如果我是他，我也不会抱着侥幸心理去通过高风险的交易来赚点儿零花钱，因为我不需要。

不禁想起以前小姨跟我说的："你没必要向任何人证明你自己。"类似的话我妈似乎也跟我说过，但对父母的话总是习惯性地要么一只耳朵进另一只耳朵出，要么进都不进。在我眼里，我小姨是个特别自信和积极的人。我现在渐渐明白，我一直以来想要向别人证明自己的压力其实是源自不自信。自信的人是不会觉得需要证明什么的，我就是棒棒的，其他人爱怎么想就怎么想，我不欠任何人一个解释。

巴菲特的职业生涯中也曾经被人几次批评说这个老古董过时了，已经跟不上时代的脚步了。比如1995—2001年的互联网泡沫，以及疫情期间的比特币暴涨，这些"发大财"的机会巴菲特都躲得远远的。但巴菲特真的是"顽固不化"的老古董吗？当然不是。巴菲特的投资方式是在改变的。比如他曾经听取合伙人芒格的意见，摒弃了职业初期的"捡烟蒂"理念。又比如他虽然在互联网泡沫期间拒绝购买科技股，但现在他的最大仓位是苹果股票，占总持仓的比重将近50%。当年巴菲特拒绝购买科技股的原因是他对科技股的估值没有把握，现在他投资苹果公司是因为他对苹果公司的估值以及盈利能力可以进行客观的分析判断。坚持做自己擅长做的事情，不去因为外界质疑的声音而怀疑自己，更不刻意去迎合别人，这也许是巴菲特至今都没有跌下神坛的原因之一吧。而为数不少的风光一时的"传奇"投资人都已经陆续消失在公众的视野与记忆中了。

狙击手

在机会来临时做好准备，这就是成功的奥秘。

——本杰明·迪斯雷利

除了想快速历练自己之外，我在这份工作虐我千百遍之后还是放不下它的另一个很重要的原因是在这份工作中接触到的大神们的身上，都有太多我需要学习的地方了。他们让我看到了人生的另一个高度。看完上一部分，你是不是也觉得 Champ 组长是个很了不起的人？接下来短暂登场的，是副组长，前美国海军陆战队的狙击手。

我用了很久的时间才意识到副组长在交易上很厉害。他平时的存在感主要体现在每天早上给我们分发二三十页他搜集整理的各种市场分析资料。没错，每天都是二三十页，我读起来都觉得挺费时间。很难想象他搜集这些资料要花多久。一开始我以为副组长的责任也主要在提供研究资料上，比组里的小秘更专业一些，但也是半后勤。一段时间之后，我发现我真是错判形势了。副组长有时候一整天都不会做上一笔交易。但只要是他决定出击的时候，成功率是极高的。在少数情况下，副组长会很快发现交易没有按他预想的方式展开，然后会果断撤离，无论这笔交易当时是处在盈利状态还是亏损状态。用了几个月的时间悄悄观察他 call out 的交易，我慢慢开始脊背发凉。太精准了！太理智了！

有一天收盘之后我鼓起勇气去问狙击手（他平时太严肃了，我一直不太敢跟他说话）："你是怎么做到那么耐心的？"他像看智障一样看着我说："我曾经是狙击手，我除了耐心没啥别的优点了。"说完之后咯咯咯地被自己的自黑逗乐了。我像看智障一样看着他，没说话。他可能被我犀利的小眼神打击到了，我可以看出他很努力地想说一句稍微睿智一点点的话来挽回一下形象。他说："Lao Tzu once said, 'doing nothing is better than being busy doing nothing.'"好吧，我承认我当时不知道老子是不是真的说过这话，《道德经》我是在非常年轻的时候读的，那时候的心得主要是"哦耶，不写作业了"。回家之后我就兢兢业业地下载了一本《道德经》，很努力地想找到相应的话，但是没找到。我暗下决心，等哪天他再像看智障一样看着我的时候，我一定告诉他老子没说过这话。唉，要是能用中文说就好了，我一定会把"子"说成轻声。想到对严肃的副组长理直气壮地说"老子（轻声）没说过这话"，就觉得心潮澎湃。

抛开副组长引用文献不当这件事不说，他想表达的意思我是领悟了的。我在六万多字之前，介绍我们的工作性质的时候

说过，和大体量的基金相比，我们有着天然的优势，可以耐心地等待合适的时机进行精准的买入或者卖空来实现自己的利润。而比"合适的时机"更加困难的是"耐心地等待"。这就是副组长的过人之处。如果你哪天感到无聊了，可以打开一个股票的图表。你可以看到每一只股票在每时每刻价格都是上上下下的。你可以开始脑补："我要是在这里买了，在这里卖了，然后在这里买，在这里卖，然后……（Ctrl+C，Ctrl+V 中）"最后你发现，一天下来，作为股神的你已经实现了财务自由。（喂，这位同志，醒醒了啊。）确实每一只股票的价格在每一天都是在不断上下波动的。但绝大多数时候，这些波动是毫无意义的，因为它们无法预测。拿着已经画出来的图表，肯定是可以轻松脑补自己如何捕捉每一个波动。这和拿着已经开完奖的彩票去脑补如果自己选了这个数字组合，"买豆浆买两碗，喝一碗倒一碗"，没啥本质区别。

在少数情况下，某只股票，甚至是大盘本身，所产生的价格走向是可以大概率预测的。这才是该出手的时候。但是这样的机会什么时候现身，甚至以什么样的形式现身，却很难说。如果训练有素，在这些机会现身的时候，交易员是可以敏锐捕捉的。这对我来说，是这份工作很令我感到煎熬的多个原因之一。

我是个特别多动的人，让我一动不动地坐在屏幕前耐心地等着目标出现，真的是太残忍了。所以很多时候，在我的耐心耗尽（不需要太久，相信我）的时候，我会从安静潜伏着的狙击手摇身变成变态杀人狂，拿着机枪一通扫射。冷静下来发现怎么枪眼全在自己身上？还有的时候，为了避免自己变成变态杀人狂，我找出一本想读的书来读，打发时间。再一抬头，发现目标在两分钟前出现了，我已经错过了最好的建立仓位的时机。

在这本书之后，我想更具有专业精神一点地写一本关于交易策略的书。在这本目前只存在于我的想象中的书里，我一定会说，不要去跟那些鸡肋的交易机会纠缠。它只会牵扯你的时间、精力，绑定你的资金。在你为了几个钢镚儿跟它纠缠不休、讨价还价的时候，圣诞老人已经和你擦肩而过了。不是传说佛曾经说"前世五百次的回眸，换来今生的一次擦肩而过"吗？在股票交易中，这是真的。可能一只股票你已经连续观察它半个月了，图表看了五百来次，结果在你跟鸡肋股票打得火热的时候，你一直等待的交易信号终于出现了。直到失去，才追悔莫及。

细想想，人生又何尝不是如此呢。世界上充满无穷无尽的诱惑，也充满无穷无尽的机会。捡了芝麻丢了西瓜的事，也许是缺乏眼界，也许是缺乏格局，也许仅仅是缺乏耐心。诸葛亮要是随便跟着个主公就屁颠儿屁颠儿地出山了，大概也称不上卧龙了吧。关于等待合适的时机这个问题，其实真的值得好好思考。每个人在这个坐标轴上的位置都很不一样。有的人患有严重的错失恐惧症（简称FOMO），觉得一个不小心就错过了几个亿，这些人每天忙忙碌碌，焦虑无比。他们往往是很上进也很勤奋的，但很容易在忙碌间忘记了把眼光放远一点，结果是忙而无序、忙而无益、忙而无功。还有一些人可能耐心有余，魄力不足。即使等到了很好的机会，也瞻前顾后、犹豫不决。有时机不可失，时不再来。人的一生中能遇到的完全改变命运的机会并不太多，错过了，也许真的就错过了。在这个坐标轴上找到那个完美的中点，也可以算是人生的大智慧了。

五年磨一剑

伟大的事不是仅靠一时冲动做成的，而是靠一点一滴的积累得来的。

——文森特·梵高

两个星期前，我听了一个"散户"的采访，当场被圈粉。这个散户进入专业交易员的视野是因为他自己开发了一个技术指标[①]，准确率很高，很多有米有人才的对冲基金公司想要逆向复制这个技术指标都失败了。还有一些有米有人才的对冲基金公司想买断这个技术指标也被拒绝了。显然，这个散户是不屑于跟华尔街同流合污的。他的秘密技术指标的计算方法就像可口可乐的配方一样，一直被模仿，从未被超越。

如果你已经耐心地读到了这里，相信你对我也有一点点的了解了。我被这个散户圈粉并不是因为他研究出了个挺好使的技术指标，而是因为他用二十多年的时间变成这个散户大神的过程——就像我很敬佩马斯克，不是因为他是世界首富（至少一

[①] 根据我在网上找的定义，股票技术指标是用来分析股票价格和成交量等市场数据的工具或方法。这些指标通过对市场数据进行计算和统计，帮助投资者理解市场的走势、力量和趋势。其实它具体是啥不太重要。

度是），而是因为他的情怀、理想和奋斗。我不喜欢以成败论英雄。人活一世，总要奋斗一番才好，即使失败了，也是败得气壮山河，不枉此生。

这个散户在不到三十岁的时候已经做到了某个律所的合伙人，但后来他做了件让很多人大跌眼镜的事情：辞职，用在律所攒下的 300 万美元作为本金，开始在家炒股。用了不到两年的时间，他的本金还剩下 10 万美元。期间他新婚的妻子离开了他，他和其他的亲戚朋友也渐渐断了联系。这完全可以理解，如果我是他，看着当年的同事穿着几千美元的定制西装，开着兰博基尼带着美女兜风，在私人游轮上开 party，我也会为自己放弃这样的生活而感到非常难过。从辞职开始算的五年多时间里，他自己窝在一间小公寓里每天发了疯一样钻研股市。在本金赔到只剩下 10 万美元之后，他规定自己每次只能买入或者卖空 1 股，直到他的交易准确率达到 75% 以上。然而他真的做到了。

我花了很大功夫打听到了散户大神的联系方式，又匿名注册了一个新邮箱，发了一封邮件给他，表达我的感谢。为什么匿名注册邮箱？我读博士期间给教授当过助教，学期结束的时候在我的信箱里收到了学生送的礼物，是匿名送的。我知道学生匿名送礼大概是为了避嫌，毕竟期末考试卷子是助教判分的。但当时的那种很暖心的感觉好像比确切地知道礼物来自哪个学生更强烈。于是我就给散户大神匿名发感谢邮件了。希望他可以感受到来自很多人的感谢，而不仅仅是来自某一个在他不屑一顾的"那条街"上混的人的感谢。

散户大神的经历真的让我特别触动。我好几次很认真地想过要辞职，也想过我费了半天劲儿拿了个经济学的博士学位，找个安安稳稳的工作不好吗？但人家放弃的，是律所的合伙人。相比之下，一个博士学位哪里好意思拿出来说事儿。我曾经因为自己在入职一周年的时候还没有混到个马甲穿感觉自己贼失败。人家却可以背负着其他人，甚至是自己的质疑五年多。我为自己的急功近利感到羞愧。不到三十岁做到律所合伙人，这个人显然是才华横溢的。跟他相比，我并没有什么理由相信我有什么自大的资本，觉得人家用了五年多做到的事情我五个月就理所应当地做到。总之，他的故事让我特别感慨。不禁想起高中合唱比赛的时候唱过的，周杰伦的《蜗牛》：

> 我要一步一步往上爬
>
> 在最高点乘着叶片往前飞
>
> 任风吹干流过的泪和汗
>
> 总有一天我有属于我的天

不以成败论英雄

持续地把生活当成冒险吧，你要勇敢地面对生活，充满激情，发挥想象力，勇于接受挑战，不满足于现有能力，唯有如此，你才能有安全感。

——埃莉诺·罗斯福

前一部分里，我说我不喜欢以成败论英雄，因为我觉得人活一世总要奋斗一番，无论结果是成是败。在这一部分，我想从另一个角度来聊聊为什么"以成败论英雄"是一种错误的思维方式。请你暂时停下来，回忆一下你做过的最好的决定和最坏的决定。我猜想，有很大概率，你回忆起的最好的决定是导致了一个很好的结果，而最坏的决定是导致了一个不怎么样的结果。如果是这样，那么就和"以成败论英雄"非常类似了，不是吗？

那你可能就问了："这有啥不对的？"没错，我们做决定当然是希望这个决定可以带来一个好的结果，这毋庸置疑。但导致最终结果的，决定的质量是一方面，随机因素是另一方面。换言之，我们做决定是基于已知的、可预见的因素，而世界充满未知与偶然。或许在好运的帮助下，一个质量很差的决定被掩盖了，又或许在坏运气的掺和下，一个质量很好的决定被误伤了。一个人学习进步的过程是不断提高自己做决定的质量。如果通过结果来判断，也就是"以成败论英雄"，那么很容易就混淆了好决定与坏决定，这对于我们的进步是非常不利的。

举个例子来说，你早就厌倦了朝九晚五的办公室工作，想开一家烘焙店。思来想去还是没有勇气跨出这一步。结果这个时候发生新冠疫情了，好多餐厅都倒闭了。你发现没有辞职开店真的是一个在满分 100 分的情况下可以得 120 分的超级英明的决定。可是……真的是这样吗？如果你提前预测到了疫情的发生，所以决定不开烘焙店，那我也完全同意这是个无比优秀的决定。但如果把疫情这个非常小概率且随机的事件从计算中拿出去，你还在日复一日地重复着你已经烦透了的朝九晚五的工作，每次路过某家烘焙店的时候都感到心里隐隐作痛的话，你给自己打了 120 分的这个决定真的还值 120 分吗？

再举个例子，你不想错过电影的开头，一路上疯狂飙车（小时候生活在北京、这两年生活在纽约，飙车这个概念脑补起来觉得难度挺大的），最终如愿赶上了电影开头。你觉得自己猛踩油门这个决定真是一等棒。这个"皆大欢喜"的结局中掺杂了多少运气的成分呢？万一被警察叔叔抓了呢？万一撞到小猫小狗小朋友了呢？被警察叔叔抓了或者撞到小猫小狗小朋友了都是应该考虑的因素，不是吗？基于这些因素，一个电影的开头还值得猛踩油门吗？

我之前也是一直习惯性地把结果的好坏等同于决定本身的

好坏。但是股市这个暴力老师告诉我，这样的思维方式是不可取的。一个赔钱的交易完全有可能是一个 A+ 的交易：我做了所有正确的分析，也努力拿到了最有利的价格，一切都在按预想的方式展开。结果一条新闻跳出来说哈马斯突袭以色列。所有股票集体大跳水。我即时止损。这个赔钱的交易仍然是一等棒。我做了正确的分析，建立了合适的仓位，在出现偶然事件之后即时止损。每一个步骤都是正确的。导致赔钱这个看起来并不那么美好的结果的，是连世界一流的以色列情报部门都没预测到的、来自哈马斯的袭击。这对我这个小草民来说，绝对是一个无法预测的随机事件。我不应该因为它的产生而把我关于交易的决定在 100 分满分的情况下打上个 2 分。

与之相反的，一个赚钱的交易完全有可能是个连 2 分都得不了的交易：我最初的判断错误了，我买入之后股票没有继续上涨反而下跌了，我拒绝止损，我加大了仓位。股票继续下跌，我继续增加仓位。我的账户锁定值马上就到了，我决定豁出去，砸了 100 万美元到这只股票上。我的小心脏要爆炸了，我不能再看屏幕了。我决定去买一箱小浣熊干脆面冷静一下。回来之后我战战兢兢地瞥了一眼屏幕，发现我 YOLO[①] 的交易奇迹般地给我赚了不少钱。我为自己半小时前的"英勇"和"机智"感到骄傲。如果真的是这样，八成，我的职业生涯持续不了多久了。下一次，或者下下次，总之会在某一次，我的 YOLO 会让我爆仓。

---

① You Only Live Once 的缩写，意思是"你只活一次"，表达了一种及时行乐的生活态度。

时光机

就地开始，用你所有，尽你所能。

——亚瑟·阿什

有不少小伙伴在遇到纠结的事儿之后喜欢来跟我聊天，让我帮忙分析一下以及出出主意。大家普遍认为我对待问题很理性，看事情也挺透彻。这就是传说中的旁观者清吧。我在对待自己的事情时，总是很冲动地做出很脑残的决定。面对别人的事儿是个诸葛亮，面对自己的事儿就变成了去掉"葛亮"的诸葛亮。这也是我一再提到的我的情绪短板。我并不暴躁，也不容易崩溃，更不玻璃心，但我特别容易冲动。前面简单提到过丹尼尔·卡尼曼在《思考，快与慢》里把人的思维系统分为系统一和系统二。简单复习一下的话，系统一是那个原始而快捷的，让人类祖先在非洲大草原上看见头狮子撒腿就跑的思维；系统二是需要调动很多脑细胞的，让爱因斯坦思考出 $E = mc^2$ 的思维。我在面对其他人的事儿的时候，系统二超级劳模；在面对自己的事儿的时候，系统二就退居二线了，经常是做了一个决定之后，过了两分钟就开始后悔，觉得自己怎么那么脑残。

冲动做决定，事后又后悔的情况，可能每个人都会遇到吧（至少我是这么自我安慰的，否则老天爷也太不公平了），只是正常人出现这种情况的频率比我低很多。我在读博士期间被诊断为双相障碍症 2 型。双相障碍症是什么呢？我现身说法的简单解释就是情绪像蹦极一样。正常人的情绪也有起伏，但是基本是围绕着一个基线，振幅不大地上下波动。我的情绪的波动幅度就大多了——情绪高涨的时候觉得自己上天入地无所不能，未来一片光明美好，甚至我看到的颜色都会更鲜艳一些，听力也更敏锐一些。情绪低落的时候就相反了，觉得自己一无是处，在任何活动中都不能获得乐趣，哪怕是平时自己非常喜欢的活动；不想跟任何人交流；觉得生活一片黯淡，甚至天都不如平时蓝；世界安静得让人抓狂。

双相障碍症 1 型则更加严重一些，会在亢奋的时期产生幻觉之类的。也有人管双相障碍症叫"天才病"，因为传说有不少名人都有这个病，比如梵高、达芬奇、贝多芬、米开朗琪罗、海明威等。我强烈怀疑梵高的《星空》（The Starry Night）是在极度亢奋时的创作，而他描绘的则是他当时真实看到的场景。连我这种病得不是很重的人（所以不是天才）都在很亢奋的时候看东西的颜色对比度会发生变化，可想而知双相障碍比较严重的人看到的世界有时会是多么奇幻。很坏的消息是，这些天才里不少人都自杀了。事实上，双相障碍症是自杀风险最高的精神疾病，没有之一，30%~40% 的患者有过自杀企图，10%~15% 死于自杀。

可想而知，我的很多冲动决定都是在我的情绪高涨期做出的。低谷期我很少做决定，毕竟对什么都提不起来兴致，有啥决定可做呢？我觉得我的自杀风险相对比较低，是因为低谷期的我是很懒得自杀的。也算是因祸得福了。当时，精神科的医生给我提了很多建议帮助我把情绪波动的幅度最小化，比如规范作息、规律饮食、避免对自己情绪产生比较大的影响的事物之类的。我这些年的作息保持得非常规律，每天晚上九点钟睡觉，早晨四点到四点半之间自然醒。饮食也很规律，每天吃的东西都差不多。小浣熊干脆面事件是几年以来出的唯一一个饮食方面的意外。跟我比较熟悉的人觉得我雷打不动不熬夜以及三餐的食谱永不变更的生活真是太乏味了。对此我只能说我也很无奈啊，我不得不给自己留下最小的随性发挥的空间。

从这个角度，自营交易员这份工作跟我也是很犯冲的。它带给我的情绪上的刺激对我来说是非常大的挑战。规范作息、规范饮食这些可以在"正常"的生活里帮助我控制情绪波动的方法已经不够用了。既然想继续从事这份工作，那我就需要再去寻找其他的灵丹妙药。到目前为止，我找到的对抗在冲动下做决定的最有效的方法是"时光机"。我相信多数读者并未患有双相障碍症，但乘坐时光机，对于做出最优决策，也是非常有帮助的。

冲动做决定的根源之一是人们往往是站在时间维度中的哈哈镜前面的。我们会不成比例地放大此时此刻的需求和愿望，并相应地、不成比例地缩小此时此刻的行为对于未来的影响。这种倾向在某些情况下会被归结为缺乏自制力。比如，吃了一大桶冰激凌之后又很后悔，觉得自己的减肥计划又泡汤了。又比如，明知道第二天需要早起参加一个重要的会议，晚上躺在床上却玩儿手机玩儿起来没完，结果睡得很晚，第二天精神很差。

对于抗拒这种及时行乐的冲动，乘坐时光机是一个很有效的方法。有一个叫作 10-10-10 的法则，是由曾任《哈佛商业评论》(*Harvard Business Review*)总编辑的苏茜·韦尔奇(Suzy Welch)提出的。它指的是在做决定之前，去依次征求一下 10分钟之后的自己、10 个月之后的自己，以及 10 年之后的自己的意见。比如晚上一口气吃掉一大桶冰激凌，10 分钟之后的自己可能很后悔(如果吃得慢一点，10 分钟之后还没吃完的话，我想也许 10 分钟之后的自己是非常快乐的……)，10 个月之后

的自己可能很肥胖，10 年之后的自己可能天天在打胰岛素。

这个法则除了在避免自己做出对未来不利的、比较短视的决定很有效之外，对于鼓励自己牺牲一下当下的快乐去做一些对未来有利的事情同样有帮助。比如你很懒得去健身房，但是想想完成健身计划 10 分钟之后的自己的成就感，10 个月之后的自己站在镜子前看着自己健美的身材的自豪感，以及 10 年之后的自己依然健步如飞、精神饱满的样子，好像去健身房变得有一些吸引力了。

这种时光穿越的思维方式当然也不一定很刻板地遵循

10-10-10 法则了。我印象很深的一个例子是从贝佐斯的传记里读到的。在他决定辞去德邵基金（D.E. Shaw）公司的高薪工作去开网店卖书的时候，纠结了很久是现在就辞职，还是再坚持几个月等到发年终奖后再辞职。（一般来说对冲基金的年终奖是比常规收入要高的，所以贝佐斯当时纠结的不是几百块钱年货钱这种量级的奖金哈。）促使他决定放弃年终奖马上辞职的是，他穿越时光地想象自己临终前躺在病榻上追忆似水年华，他可以肯定的是如果错过了互联网起步的黄金期，他此生都会很后悔。但他无论如何也不会在临死前还对当年放弃的一年的年终奖念念不忘。

我记得读到这一段的时候第一次理解了"拍案叫绝"这个词是什么意思。澄清一下，我当时没有拍着桌子，嘴里叫着"绝"，但我确实是拍着大腿（自己的），嘴里说了个"不错"。这个思考方法真的太天才了。下一次路怒症发作的时候，也可以这样脑补一下，如果我开车跟人斗气出了事故，断了胳膊断了腿的，我临终前可能还在后悔。当然，如果事故再大一点，可能来不及后悔就终了。相反，如果我没跟人斗气，应该不至于临终前还特别神经病地在对几十年前开车被人别了，没有追上去别回去感到很遗憾。如果真的还在为这事儿感到遗憾，那应该是很幸运的，说明我这辈子过得太圆满了。

　　总之，我认为，为了摆脱时间哈哈镜，我们需要时不时地坐上时光机去穿越一番，跟未来的自己谈谈心。

（不是）世界末日

我都数不清自己经历了多少次否定，结果却在角落发现了一个更好、更亮和更大的肯定。

——雅兰·汉密尔顿

在被股市反复蹂躏的过程中，我还发现了我思维不理性的一个方面，就是我很容易进入一种把事情灾难化的认知误区。华尔街的老油条们有一句经验之谈："如果你手里股票的仓位让你彻夜难眠，那么你的仓位就太大了。"这个我是深有体会的。

虽然在多数情况下自营交易员的交易是当天结束的，但有的时候我们会持仓几天，直到股票的价格达到我们预期的目标时才完全清空仓位。在这期间我们有可能在某个价格卖出一些股票，然后在未来的某个时间以更低一些的价格把之前卖出的再买回来。我们管这种交易方式叫作产生现金流。其实就是在有一个长期的价格目标的情况下，在更短的时间线上利用价格波动来创造一些额外的赢利。

当然，对我们来说，四五天的时间就是长期了。对巴菲特来说，四五年可能都不叫长期吧。在我持有一定量的股票隔夜的时候，如果股票的数额太大了，我确实是睡不着觉的。甚至半夜神叨叨地爬起来看看新闻，有没有爆发第三次世界大战啊，有没有小行星撞地球啊，外星人有没有派大军来接马斯克回家啊什么的。

即使不是隔夜的仓位，对计划中当天结束的交易，如果我的仓位建得大小不得当的话，我也会坐立不安。平时我的交易主要使用 5 分钟的图表，也就是一根蜡烛代表 5 分钟的交易。我会用 1 分钟的图表来精调我的建仓价格，但主要的交易决定是不依赖于 1 分钟的图表的，因为价格波动的噪声太大了。这是正常情况下。

假设对于特斯拉的股票，我的舒适的仓位是 500 股的话，如果我哪天在情绪非常激昂的情况下建了 2000 股的仓位，或者一边吃水果一边交易，结果水果汁溅到了键盘上，在按买入快捷键的时候发现快捷键黏住了弹不起来了，好不容易把按键揪起来的时候已经买了 4 个 500 股了（确实发生过），我就会飞快地调出 15 秒的图表，眼睛都不敢眨地死盯着图表，任何一个不利于我的价格波动都会让我觉得"完蛋了完蛋了，破产了破产了，家里的哪个碗用来要饭比较合适"。15 秒的图表，因为更新太快了，所以即使是将近 200 美元一股的股票，10 美分的波动在 15 秒的图表上都会创造出一个体型庞大的蜡烛，看起来非常吓人。而这 10 美分的波动在我平时使用的 5 分钟的图表上是完全不至于造成恐慌的。这个类比起来有点像是把一个小果蝇搁到显微镜底下，把眼睛凑到镜头前的时候吓得直哆嗦。

在心脏"爆炸"了几百次之后，我去找交易教练请教解决方案。交易教练说："别买那么多。别边吃边交易。别用 15 秒的图表。"可惜交易教练没有像狙击手一样引用美国人杜撰版的老子的名言，否则我就可以把排练了好几次的"老子没说过这话"甩给像看智障一样看着我的交易教练了。好在我们后续的对话还是很有建设性的。我说我的这种把事情灾难化的倾向越来越严重了，总担心一着不慎，满盘皆输。交易教练一瞬间从鄙视变成了同情，表情像在 Instagram 上看到了 Q 萌的猫猫狗狗。

她说："哎呀，你一定是中年危机了。"

我："……"

是不是中年危机了我不知道，总觉得我应该没那么早熟吧。可随着年龄的增长，确实渐渐没有了大学刚毕业时那种世界充满了各种各样的可能性，只等我去征服的感觉了。过了三十岁，感觉就没有"飘忽"的资本了，总觉得应该在已经选定的人生道路上一往无前，别说见着个岔路口要不要拐弯了，并个线都是头等大事。

这种把事情灾难化的思维习惯，其实也可以通过乘坐时光机来解决。还是之前那句话，时间哈哈镜会不成比例地放大此时此刻。为了摆脱这种认知偏差，我们应该坐上时光机，飞到几十年之后去遥望一下这个时刻遇到的事情到底有多大。如果在近大远小的原则下，现在我们认为天大的事只剩下绿豆那么大了，那八成它本来就不是天大的事儿。毕竟，无论是在北京还是在西藏，看天的时候它还是那个天，离着远了点也不会一抬头看到的不是蓝天而是一颗绿豆。现在距离被 SMCI 事件暴打过去了小半年了，回过头去看看，好像也不是多大的事儿。过去了，也就过去了。

除了万能时光机，贝佐斯的"单向门 vs. 双向门"理论对于治疗我所描述的过了三十岁之后在人生轨迹上并个线都怕出岔子的焦虑也很有帮助。所谓"单向门"，就是那些完全不可逆的决定。比如黄巢起义，就是不可逆的。总不能起义俩礼拜之后忽然懒得玩儿了，回家继承祖业卖盐去吧？皇上他老人家还不追着来斩了你。

相反，"双向门"指的是那些不是一旦跨出了这一步就没法回头的决定。比如之前提到的辞职去开烘焙店，其实就是个双向门类型的决定。如果开店之后利润不佳、不能养活自己，或者发现开店太辛苦，跟自己一开始想的每天优哉游哉地烤几个蛋挞就完事儿了的生活大相径庭，那么把店关了，归回朝九晚五的上班族的生活就可以了。可能这一趟折腾下来有一些时间上和经济上的损失，但一切都会慢慢归回正轨，完全不会到这辈子就毁了的程度。这样算下来，其实一生中绝大多数的决定都是双向门的。当然，这不代表毫无目的地试试这个、又试试那个是可取的。但如果真的是为了梦想，那么大胆去尝试一下也未尝不可。

背锅小能手

你必须承担个人责任。你无法改变环境、季风或风，但你可以改变自己。这是你能够掌握的事情。

——吉姆·罗恩

到目前为止，我职业生涯低谷的起点是我已经祥林嫂了好几次的 SMCI 事件。接下来我由于心灵极度受创，在低谷里又徘徊了两三个月才慢慢缓过来。期间，我渐渐想明白的另一个道理是我需要学会无条件地为自己的行为负责任。

在"不以成败论英雄"这一点上，其实我们不是不会区分技术和运气的区别，我们只是在通常情况下不会客观而正确地区分。为什么这么说呢？因为在自己取得成功的时候，我们比较容易认为这个成功是理所应当的，是我的技术高超、决策超群，所以我才成功的——虽然我们嘴上经常说："运气，运气。"但是在别人成功的时候，我们的诊断就 180 度大转弯了。我们经常会酸酸地想：就是运气好，没啥大不了——虽然我们嘴上经常说："厉害，厉害。"

反过来也是一样，在一件事情的结果不尽如人意的时候，我们下意识地忙着甩锅。开车出现剐蹭的时候，我们总是倾向于认为是对方的责任。比如，"对方并线太急，我来不及反应啊"。这个有可能是事实。但是在我们并线太急的时候呢？"我没看见边上有个车啊，我看后视镜了啊，肯定这车超速了，我看的时候它肯定还没在那。"嗯，有可能是这样。如果我们根本没看后视镜，因为我们在看手机呢？"都赖×××这个时候给我发消息，不知道我开车呢呀。"嗯，似乎是这样的。

考试没考好的时候呢？发挥不好。可能的原因包括：坐在斜前方的人老在抖腿，看得我心烦意乱；空调一直对着我吹，吹得我头疼；监考老师总在我边上走来走去，真烦；这卷子太奇怪了，出题老师洗澡的时候脑子不小心进水了吧；昨天晚上睡得不好，早晨堵车差点迟到，害得我来不及考前去个厕所……总而言之，没考好真不怪我。

人生总有些在我们掌控之外的事情，这个我同意。比如哈马斯袭击以色列，导致我岁月静好的交易从赚钱秒变赔钱，就是我掌控之外的。把锅甩出去也完全可以理解，毕竟拿到一个不理想的结果已经很闹心了，这时候再找个锅背一背，对自己太残忍了。其实人类大脑进化出了不少自我保护机制，在必要的时候启动一下，来保护一下我们幼小的心灵。之前提到的在遇到极度具有创伤性的事情，比如亲人离世、破产、关系破裂的时候，我们往往会进入一种麻木的状态，而不是排山倒海而来的悲伤，这也是自我保护。同样地，在把事情做砸了的时候，我们也往往会出于自我保护地去找自身之外的原因。

成长往往是痛苦的。想要变得更成熟、更强大，很多时候我们不得不逼着自己去做一些并不那么让自己舒适的事情，比如学会背锅。可以说，对于任何事情，我们都可以毫不费力地找到 n 多理由或是借口，来让自己感觉好一点或者让自己免遭他人的责备。但在我们大手一挥把锅远远扔出去的时候，我们扔掉的也是一个绝佳的学习机会。仔细回忆一下，是不是每一件不尽如人意的事情里面都埋藏着很宝贵的经验教训？如果把这些经验教训学到了，那么摊上了个悲催的事儿也就有一些价值了。否则我们只是不断地重复着"摊上了个破事儿，不怪我"的轮回，也许自我感觉没有背着个锅的情况下那么沉重，但并不能改变"摊上了个破事儿"这个事实，以及不接受教训，还会摊上下一个破事儿这个事实。这才是真正不划算的。荀子曰过："君子博学而日参省乎己，则知明而行无过矣。"曰得真好。

学着为自己的行为负责任的另一个好处是，它会促使我们成为更好的独立思考者。其实独立思考是件蛮困难的事情。生活中有不少人喜欢跟风，也有一些人有着非常叛逆的灵魂，喜欢做跟大众相反的事情。第二种人看起来像是具有独立思考能力的，他们自己也往往这样认为并引以为豪。但叛逆和独立思考是非常不同的。独立思考不代表永远和大众的观点不一致，它仅仅意味着一个人得到的结论取决于客观因素，而不是其他人的观点。就此而言，一个纯粹的叛逆者并不具备独立思考的能力，因为他们的观点实际上是基于其他人的观点的——他们仅仅是选择和大众相反的方向而已。这是件挺有勇气的事情，但很遗憾，这并不是一件特别有技术含量的事情。

　　也许从某种意义上来说，独立思考的困难之处除了在于"思考"这个过程本身的技术含量，更在于它意味着我们不得不为自己的行为与选择负全部的责任。跟风之所以容易，是因为当结果不好的时候，我们可以很轻松地进行甩锅。社会上广为流传着一个传说，叫作多数基金经理的业绩比大盘差。这个传说是基于客观数据的——确实多数基金的年化收益还不如大盘的年化收益。很大一个原因是很多基金经理都选择跟风。就像华尔街投资传奇彼得·林奇所说的，如果一个基金持有 IBM 的股票，那么因为 IBM 股票的大跌所承受的损失是很容易被原谅的。毕竟，哪个基金不持有 IBM 的股票啊？（也许林奇的基金除外。）相反，如果你经过独立分析，觉得 IBM 股价虚高了，某个垃圾处理公司的股票的价格暂时被低估，所以你选择了持有这个垃圾处理公司的股票，而不是 IBM。万一这个垃圾处理公司的股票并没有在季末或者年末的时候咸鱼翻身，那基金经理也许就要丢工作了。

　　在生活中的很多重大决定上，我们也往往倾向于把选择权交到其他人手上。比如大学选专业，甚至是结婚听家里安排。这种看似"听话"的行为，实际上是非常不负责任的。设想你大学听了父母的，选了一个父母想让你学的专业，毕业之后找了一个父母觉得不错的工作，但你工作起来并不快乐，也并没有热情和动力。这个时候你可以轻松甩锅："都怪你们当年逼着我学这个。"但是这位同学，不快乐的人生是属于你自己的。把锅甩出去也不能改变你不快乐这个事实。我宁可自己选一个喜欢的专业，也许有一天我仍然会发现这个专业我不喜欢了，但这是我自己的选择，谁也怪不着。

我至今印象深刻的是大学毕业典礼上，当时的央视主持人张泉灵作为校友代表的讲话。以下是其中一段：

"其实在这么多年里我和青年学生交流的时候，有的人会跟我说这样的话：这个世界上有多少人能真正做到自己喜欢的职业呢？有多少人会把自己喜欢的事情变成自己终身的事业呢？你是很幸运的。我通常的反驳是这样的：如果，你考大学时选的专业不是你喜欢的，而是你父母喜欢的；你的选修课不是你喜欢的，而是拿证多、学分好得的；你求职不是挑你喜欢的，而是待遇好的，请问，你选择时从未拿喜欢当事，凭什么你会从事喜欢的职业呢，并且成为终生的事业呢？凭什么呢？"

是啊，凭什么呢？

Shit Happens

我们要接受自己不能总是做出正确的决定这个事实，有时我们甚至会把事情彻底搞砸——我们要明白，失败并不是成功的对立面，它是成功的一部分。

——阿里安娜·赫芬顿

"Shit happens"是美国人常用的口头禅，意思大概可以翻译成"糟糕的事情总会发生"。有的时候真是不迷信都不行。这一部分我昨天晚上吭吭哧哧了半天，基本写完了，结果今天打开文稿，发现昨天晚上写的一个字都不见了。我翻了各种记录，以及在谷歌云上找回了昨天睡前保存的版本，居然这一部分还是奇迹般地失踪了。对此，我只能说"Shit happens"。扣题能力终于让语文老师感到一丝欣慰了。

在上一部分里，我提到在事情的结果不甚理想的时候，我们应该强忍住逃避责任的第一反应，先在自己身上找原因，争取在错误中吸取教训、增长经验。但不得不承认，现实有时候是挺残忍且不公平的，即使我们的背锅能力再强，有些事情即使360度无死角地看上一大圈，也真的真的不是我们的问题。有人管这个叫"喝凉水都塞牙"，也有人管这个叫"水逆"，还有人管这个叫"起床的方式不对"。反正意思都差不多。对于这种情况，我确实没什么好的建议，大概只能认了，充其量乐观一点地认为这是在攒"人品"了。

我这里想讨论的是另外一种"Shit happens"的情况。还记得那是 2024 年春天的最后一场雪，比以往时候来得更晚一些。那一天我的交易真是达到了人生巅峰。从早上不到五点开始，我对着特斯拉的股票一通吊打。我在低点抄底买入，又在反弹高点卖出并且反转成空仓，又在低点买回卖空的仓位并反转成做多……（Ctrl+C、Ctrl+V 中）。那是一种完全入境的状态。站在第三人称视角看，我觉得我的表现简直像个武林高手，每一个动作都那么精准。忽然间，系统弹窗提示说我的账户被锁定了。我的第一反应是：这肯定是系统故障。于是我把目光移向了显示盈亏的窗口。我的亏损金额确实达到了账户锁定的门槛。我的第二反应还是：这肯定是系统故障。我义愤填膺地调出交易记录的窗口。我的每一笔交易都是反的。我的第三反应仍然是：这肯定是系统故障。

但是这个时候我的手表已经因为检测到我心律不齐开始报警。我也意识到我的额头开始冒汗。忽然间，我产生了一个念头，一个让我整个人顿时僵住了的念头。我……我昨晚加班重新编程了我的交易快捷键来提高交易效率。这也是我今天可以那么快速执行交易的一个重要因素。我颤抖着打开了我的快捷键编辑界面。

果然买卖是反的。

悲伤？愤怒？悔恨？我不知道。太多的情绪一起涌上来，造成了北三环早高峰似的拥堵。几秒钟之后，我笑了。哈哈大笑。笑着笑着眼泪就流下来的那种。很滥俗，我知道。可是想想几分钟之前我还觉得自己像个战无不胜的武林高手，就真的觉得很好笑啊。堂吉诃德大战风车都没有这么荒诞。

不需要成为背锅小能手都知道这个锅谁也赖不上。但我能在这里学到什么？我会把我的快捷键编辑的问题改过来。我也会在以后编辑了某个快捷键之后先试用一下。我还会在无论自己多么入境的情况下都瞄一眼自己的交易记录看看有没有什么不对的地方。但似乎学到的这些东西并没有多大的价值。就像是曾经英语考试涂机读卡的时候，在听力部分只有A、B、C三个选项的情况下把所有选C的都在机读卡上涂成了D。以后注意。但再怎么注意、再怎么小心，还是会有大意的时候。对于每一个粗心所导致的过失，我们都会信誓旦旦地痛下决心，以后绝对不会再粗心了。但是，对不起，很遗憾地通知您，还是会出现大风大浪都闯过来却在小阴沟里翻了船的情况。

Shit happens，有时我们精心计划，努力准备，却在成功近在咫尺的时候掉链子。还记得2004年雅典奥运会上那个第一次踏进奥运赛场的名叫马修·埃蒙斯的美国小哥儿吗？他在男子50米步枪三姿决赛中，在最后一枪之前领先第二名3环。然而最后一枪埃蒙斯瞄准的是邻居的靶子，成绩为零。在后来的采访中他说他射击的习惯是先看靶子上面的号码，确认是自己的靶子，唯独奥运决赛中那关键的一枪他跳过了这个习惯性的步骤。

时隔四年，2008年北京奥运会的赛场上，同样是50米步枪三姿决赛。在最后一枪之前，他领先对手将近4环。不知道故事结局的人看到这里的第一反应大概是埃蒙斯终于一雪前耻拿到了金牌。遗憾的是，埃蒙斯在瞄准的过程中意外扣动了扳机，仅仅打出了4.4环。

两次痛失金牌的经历几乎击垮了埃蒙斯。2010年，埃蒙斯被确诊患上了甲状腺癌。值得庆幸的是，他最终战胜了癌症，并在2012年伦敦奥运会中再一次进入了50米步枪三姿决赛。最后一枪前，埃蒙斯领先第二名1环多。最后一枪，他打出了7.6环，再次失去了冠军。2016年里约奥运会，埃蒙斯在50米步枪三姿预赛中排名19位，无缘决赛。2019年，埃蒙斯宣布退役。

仅仅是简短写下埃蒙斯的故事，我都几度有落泪的冲动。我不知道有没有所谓的神的存在，只知道如果有的话，我多希望那万能的神可以对埃蒙斯温柔一些。但毫无办法，Shit happens。当命运跟我们开一些看似不怀好意的玩笑的时候，我们有资格悲伤，有资格愤怒，也有资格抱怨命运不公。但在悲伤、愤怒、抱怨之后，我们还是要擦干眼泪、拍拍屁股爬起来，继续前进。无论我们多么痛下决心以后再也不会犯这种"低级错误"了，我们仍然还是会犯低级错误的。这一切，都是生命的一部分。只是，下一次再在小阴沟里翻船的时候，要学着原谅自己。在我们没有被命运温柔对待的时候，至少，我们可以对自己温柔一些。

时光机第二弹——倒着活

如果我们认真对待每一刻，岁月自会替我们安排好一切。

——玛利亚·埃奇沃思

去年在我妈来美国探望我期间，我带她去了一个很有名的墓地，里面葬着安德鲁·卡内基（20世纪初的世界钢铁大王、曾经的世界第二富豪，财富仅次于同时代的洛克菲勒）、沃尔特·克莱斯勒（克莱斯勒汽车创始人）、伊丽莎白·雅顿（网上很火的那个雅顿金胶、银胶、粉胶、波波胶的品牌创始人），以及洛克菲勒家族、福特家族、阿斯特家族的一大堆人。一般家长来美国的时候，别人家的孩子都是带着家长逛街，我带着我妈逛墓地。记得把车停下告诉我妈目的地到了的时候，她老人家看着一望无际的墓碑们，一脸惊恐。我后来回忆了一下她当时的表情，不知道她是不是在心里打鼓我是不是已经挖好了一个大坑，等她路过的时候轻轻一推。

我这两年养成了一个怪癖，在感到特别迷茫的时候，我会去墓地里走走。美国的很多墓地都设有长椅，不知道初衷是让我这种没事在墓地里溜达的人走累了坐下来歇歇脚，还是让原住民躺累了换换姿势。我是个比较多动的人，一般情况下并不喜欢安安静静坐着。有两个例外：一个是墓地，另一个是雍和宫。（把这俩放一起，有种很罪过的感觉。）在雍和宫的长椅上坐着，看着香客来来往往，各有所求，可以帮我看清我心底的向往。在墓地的长椅上坐着，所有的繁华与苦难都成过往，同样也可以让我从繁杂的日常琐事中抽身而出，看清自己的内心。

有一次我在墓地里坐着的时候脑洞大开，想如果我挂了之后也像这里的人一样，有一块很大的墓碑，上面刻着或长或短的墓志铭，我希望我的墓志铭是什么样的呢？又或者，在葬礼上，我希望别人如何评价我呢？我姥姥肯定觉得这是个很不吉利的想法，但我觉得这个想法蛮有意思的。我们此刻希望在葬礼上得到的评价，应该是比较准确显示了我们现阶段的人生追求和向往吧。如果我们希望被评价是个正直的人，那么从此刻开始，就应该不做龌龊的事情。如果我们希望被定义为一个成功的企业家，那么现在就该开始规划自己的创业之路。千里之行始于足下，而千里之行的目的地，也许这个时光穿越的小游戏可以帮我们揭晓。

大到人生追求，小到某件具体的事情，其实我们都可以采用这种"倒着活"的方法来帮助我们达到目标。人都是擅长讲故事的。如果给定一个结局，我们可以不怎么费劲地脑补出故事情节。举个例子，如果我现在回到高中一年级，然后去假想一个自己如愿进了北京大学化学与分子工程学院（以下简称"北大化院"）的结局。那么在我脑补的故事情节中，可能我从高一开始参加化学竞赛，然后通过竞赛保送进了北大。在另一个故事情节中，可能我每天都勤奋地学习，然后高考成功考进了北大化院。当然，我也可以脑补出更多感人的情节，比如我是如何每天早上四点钟就起床开始学习的，晚上在宿舍里也开着应急灯挑灯夜读。好吧，我承认这个情节有点太离谱了，但意思你是懂的。总之，在脑补了若干种可能的故事情节之后，很可能我下次去书店的时候本来想买五本《机器猫》的，但最终买了两本《机器猫》和三本教辅书。

比起这种乐观派的"倒着活"，我觉得悲观主义的故事结局往往更有帮助，至少对我来说是这样的。再次回到高一，只是这一次我不再去假想我如愿进入北大化院的结果。相反，我的故事的结尾是虽然我高一的时候就很向往北大化院，但最终愿望并没有能够实现。那么我脑补出的故事情节也许是在高二的时候我迷上了网游，每天翘晚自习泡网吧。当然，还有很多类似的故事情节大家可以积极脑补。总之，这种悲观主义的写作方式可以帮助我们提前看到通向目标的道路上有可能遇到的阻碍。

作为交易员，我最担心的当然就是爆仓。虽然这样想有点乌鸦嘴，但是不妨脑补一下我作为交易员的故事的结尾是我爆仓了。天啊，为什么这个故事的情节我补充起来比我上北大要轻松那么多。我爆仓了？啊，太正常了！我早就预料到了！可能在某一次交易的时候我上头了，非但不止损，还加大仓位。赔钱赔懵了之后我 YOLO 了，砸了上百万美元进去，然后去超市买小浣熊干脆面，希望回来的时候我的仓位已经奇迹般地由赔钱变成赚钱了。当然，回来的时候我发现奇迹并没有发生，我悲催地爆仓了。

还可能是在某一次交易的时候我出现了操作失误，想买 500 股特斯拉的时候，手抖后面加了个 0。发现的时候我吓得不知所措，但是不甘心立马卖掉额外的 4500 股，而是希望等到一个合理的价格，并且抱着还可以通过这个交易失误赚点零花钱的侥幸心理。但是合理的价格我并没有等到。于是我又上头了，不能接受这个操作失误带来的经济损失。我好好的 500 美元的预期止损价格一下子变成了 5000 美元，太不爽了。不止损了，YOLO 吧，再来 5000 股。这时候推特上传来一条消息，说有分析师怀疑特斯拉不会生产大家期待已久的更便宜的 Model 2。特斯拉的股价一秒钟暴跌了 5%。几分钟之后马斯克出来辟谣说 Model 2 在 2026 年就会面世。于是特斯拉的股价一秒又涨回到暴跌前的价格左右。可惜我已经在第一个 1 秒钟的最后几十毫秒里爆仓了。

我还可以脑补出各式各样的其他故事情节来实现我爆仓的这个提前设定好的故事结尾。我甚至可以填充出很多生动的细节。我可以如此轻松地讲出这个故事，是因为这个故事是源于现实的，我职业初期发生过好几次交易上头，破罐子破摔，最终狼狈不堪的事件。进行这个悲观主义的讲故事游戏，可以让我在下一次要上头的时候想到这可能会导致我最大的噩梦成为现实，我兴许会停下来，深呼吸冷静一下。

再举一个例子，比如我不想当交易员了，想去开一家面包店。我可以从乐观主义的叙事者的角度去添加细节，讲述我是怎么把一家不起眼的小店开成遍布全国的连锁店，并且准备进军海外。在这个故事的情节中，必然要涉及很多商业计划，以及企业融资之类的环节，为了让这个故事可以听起来更有说服力也更生动，我不得不现在就开始起草靠谱的商业计划，定下合理的短期以及中长期的目标，并且积极了解融资渠道。而我所做的这一切，对于我把面包店经营到一级棒都将有很大的帮助。从悲观主义的叙事者的角度，故事的结尾是我的面包店倒闭了。也许是因为经营不善，也许是因为火灾被烧掉了。我可以去杜撰各种可能的情节。而我所有脑补出的这些非常不吉利的情节，都是在我未来的面包店经营中会极力去避免的。

与其感叹"早知如此，何必当初"，或者"我要是当时怎么怎么样就好了"，倒不如先假想出一个或好或坏的"如此"，然后去补充出可能的过程，再用自己的实际行动去完成或是避免这些可能的过程。李宗仁将军曾说过这样一句话："如果人生倒着活，即从八十岁开始活到一岁，将有百分之八十的人成为伟人。"虽然我们并不可能真的在三十岁的时候拥有八十岁的阅历和感悟，但在我们现有的认知范围内，偶尔在想象中倒着活一活，即使成不了伟人，也应该不至于太糟糕。

宁静祷文

你无法总是掌控外部环境，但你可以一直掌控自己。

——维恩·戴尔

第一次听到宁静祷文（The Serenity Prayer），好像是在看某一个美剧的时候。虽然剧的名字和情节我现在忘得一干二净，但这段祷文却被我深深地记住了。它的原文节选是这样的：

God, grant me the serenity,（神啊，求你赐给我平静的心，）

to accept things that I cannot change.（去接受我无法改变的事。）

Grant me courage to change the things I can,（赐给我勇气去做我能改变的事，）

and wisdom to know the difference.（并赐给我智慧，去分辨两者的不同。）

若能做到如此，那真的是有大智慧的人了。有多少时候，我们的所作所为和这段祷文完全相反呢？对于无法改变的事情，我们悔恨、愤怒，甚至陷入绝望。对于可以改变的事情，我们却无所作为。

我并不能代表其他人说话，也许有不少人有着祷文中所祈祷的智慧吧，但我知道我以前是没有的，现在也不经常有，只能勉强说还在努力的路上蠕动着。我想，归根结底，我对无法改变的事情难以释怀，对于可改变的事情停步不前，并不是因为缺乏区分两者的勇气，而是因为内心的软弱。没错，软弱。毕竟，以一个受害者的身份去哭泣一个既成事实，比鼓起勇气去改变现状要容易，不是吗？

勇往直前是人生最孤独的事情之一了吧。在我们披荆斩棘的过程中，在我们被困难们群殴得伤痕累累的时候，会给我们加油打气的是少数人，而多数人是边吃瓜边等着看我们失败、放弃、躺平的。躺平之后，我们会得到很多的"关心""安慰""同情"，我们终于不再孤独。我们不由得开始质疑，自己辛辛苦苦奋斗图什么呢？终于，我们也成了吃瓜群众，等到另一个勇往直前的愣头青出现的时候，我们边吃瓜边盼着看这个愣头青也像我们一样败下阵来。我们已经准备好了关心、安慰、同情的话语。对于失败者，我们不会吝惜一丝的善良。对于还在拼搏的人，我们却不愿送上一句发自内心的鼓励。毕竟，我们放弃了自己的梦想，让我们去真心地祝福别人追逐到他们的梦想，太难了。

我并不是想要很悲观地批判人性多么的黑暗——恰恰相反，我想要传达的是正能量。好吧，我承认我传达正能量的方式确实太隐晦了一些，隐晦到完全感觉不出来。想想看，我们之所以"看不得"别人努力，是因为梦想并没有在我们的心里真正死去。我们看到别人在为了梦想奋斗的时候，真正令我们心酸的不是别人的拼搏，而是自己的放弃。如果你偶尔感觉到我所描述的这种心酸，那我由衷地想要恭喜你，因为你并没有失去想要展翅高飞的梦想。鼓起勇气继续向前吧。孤独虽然可怕，但当它出现的时候，我们应该额手称庆，因为这八成意味着我们正在做一件了不起的事情，或是正在变成一个了不起的人。毕竟，平庸之人比比皆是，他们孤独什么？！

知其所以然

任何事物都能让我驻足观看和思考，有时还会有所收获。

——库尔特·冯内古特

超短线交易主要依靠技术分析，而非基本面分析。对于炒过股的读者来说，这两个概念自然再熟悉不过了。如果你从未涉足股市，这两种分析简单来说就是基本面分析（代表人物巴菲特），主要通过研究公司的财务报表，结合宏观经济周期、地缘政治之类的一系列因素来对公司未来的盈利能力进行估值，从而推测出现阶段比较合理的股票价格。

如果现在的股票交易价格低于你认为的合理价格，那就买入；反之则要么不买，要么做空。（友情提示：做空有很大风险。我们组几乎被团灭的那几天大家都是牺牲在做空上了。那么多只股票呢，总有值得买的。如果交易时间偏中长线的话，做空就更不建议了。一方面，做空有股票借贷成本；另一方面，最成功的做空收益最大是100%，也就是被做空的公司破产了。而如果选股成功，做多的回报可以是十几倍甚至几百倍。）

技术分析则完全依靠于股票的图表，主要是过去的价格和交易量。当然，很多技术分析师开发出了各种华丽的技术指标们放在图表上来帮助他们做交易决定。有些炒股人士的股票图表上画满了各种各样的技术分析的指标，以至于老眼昏花的我在那些图上连股票的交易价格是多少都不能参透。但不得不承认，它们让我对星体的运行产生了一些灵感。

还有一些技术分析的书籍对蜡烛图进行了百科全书式的归类，并给一些典型的图案配上了非常史诗般的名称，比如乌云盖顶（dark-cloud cover）、十字黄昏星形态（evening doji star）、孕线形态（Harami）。我觉得创意满分的名字是"向上跳空二只乌鸦"（upside gap two crows）。这些名字在专业交易员看来就像是"茴香豆的茴字有几种写法"一样。我完全可以想象如果有一天我走进办公室，并大声宣布"你们来看一看这只股票！它刚刚出现了向上跳空二只乌鸦"，我会在五秒钟之内被交易教练发配去加勒比海上面抓海盗。在我打包走人之后，组里的壮汉们个个摇着头，自言自语道："可怜的孩子，终于还是疯了。"

遗憾的是，真的有人学习了一些华丽的图案名称之后就认为自己已经参透了股市的秘密。曾经在网上的一个论坛中看到有人自信满满地做出预言说×××股票接下来的两个月将会大跌，因为它的图表上刚刚出现了一个流星线（shooting star）[1]。过多

———————
① 流星线是一个看跌的蜡烛图信号。

的技术细节我就不在这里讨论了，因为大多数读者可能对这个并不感兴趣。简单概括起来，就是从各个角度来看，这是一只上涨势头强劲的股票，并且属于一个非常热门的领域。仅仅因为图表上出现了一个流星线就断定接下来要跌，并且一下子要跌两个月，再并且还是大跌，对此我只能露出尴尬而不失礼貌的微笑。

无论是看跌还是看涨的技术指标，只有出现在应该出现的地方，才有比较大的参考价值。如果我被外星人抓走之后又被送回地球，醒来之后发现周围是一眼望不到边的冰天雪地，并且远处游荡着一头北极熊，我怀疑外星人把我搁在北极了是合情合理的（至于外星人为什么这么做，就不是特别合情合理了）。如果我醒来之后发现周围热热闹闹，有卖棉花糖的和雪糕冰棍烤肠的，还有不少家长带着孩子趴在玻璃上看着一头北极熊，我还就此断定我是被外星人卸货在北极了，那就有点说不过去了。而一个涨势强劲的股票图表上的流星线就像是动物园里的北极熊。

在思考与做决定上面走捷径是个挺普遍的现象，毕竟，它可以帮我们节省很多的时间、精力以及脑细胞。我并不反对这个行为本身，但是我认为仅仅盲目地记住一些结论而不去探究这个结论背后的机制，是非常危险的。记得还在上学的时候，很多同学喜欢背公式。再后来我读博士期间当助教给本科生教课的时候，发现背公式这种"学习方法"在地球另一边也同样流行。然后就出现了我判卷子的时候发现有人把公式记错了，或者公式本身没记错，但是忘了公式里的某个字母代表啥意思了的现象。我觉得在这件事情上我是个挺懒的人，我一直都懒得背公式。把公式背后的原理搞清楚了，考场上现推公式其实一点都不麻烦。相比于记住无比繁杂的公式，以及公式里面的 12 个字母分别代表什么意思，我觉得花上一点时间弄清楚公式是怎么推的，好像更省时省力一些。

不知道为什么，我们经常对于一些结论性的东西有着一种谜之信仰，而对于自己的思考能力则无比谦卑。悄悄透露一下，在年轻的时候（每次说"我年轻的时候怎么怎么着"，我妈都会给我一个大大的白眼），我干过比背公式还民科的事儿——我记住了一个顺口溜，叫作"三长一短就选短，三短一长就选长。两长两短就选 B，参差不齐 C 无敌"。打算考场上万一遇到了不会做的题就拿这个蒙。到了考场上，发现有 A、B、C、D、E、F 六个选项。果然童话里都是骗人的。

小时候读书喜欢记住各种有用没的细节，比如《水浒传》里每个人的排位、姓名、星宿以及绰号，或是用来形容对超长单词的恐惧的单词叫作 Hippopotomonstrosesquippedaliophobia。当然，我也很喜欢时不时地把这些冷知识们抖一抖，在小伙伴面前装作很有学问的样子。长大之后慢慢就进入了陶渊明先生所说的"好读书，不求甚解；每有会意，便欣然忘食"的状态。相比于《水浒传》里某个人的排位和星宿，我更愿意试着从人物的背景和经历的角度去理解这个人的世界观以及这一世界观对于人物性格和行为的影响。放下了"记忆事实"的强迫症，读书反而变成了一件更加令人有收获的事情。这种从记忆到理解的转变，就是放下了对于知其然的执念，而更专注于知其所以然。

　　记得小学同桌死活记不住梯形面积公式。公平地说，梯形面积公式对于一个十岁左右的小盆友来说确实长得略有些具象了一些。当时我就给他画图说，你看，把两个一样的梯形放一起，其中一个倒过来，然后这俩一拼不就是个平行四边形了吗？平行四边形的面积你不是会算吗？算出来除以二不就可以了吗？要是平行四边形的面积公式你也忘了，那把平行四边形按和底边垂直的方向劈了，重新拼一下不就是个长方形了吗？长方形的面积你总会算啊，对吧？

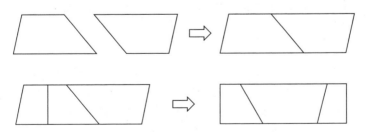

　　按照这个逻辑，等差数列的公式也不需要记啊，它跟梯形的道理不是一样的吗？实际上，如果把梯形按垂直底边方向无限

细分成无数条线段，那这些线段的长度就是个等差数列，而它们的和就是梯形的面积。这跟微积分又联系上了。我觉得这个话题不宜继续进行下去了，我的脑洞大门一旦打开就停不下来，太危险了。

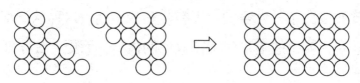

我非常喜欢我的高中物理老师，虽然他并不知道——毕竟，我对物理老师的喜爱程度和我的物理成绩没有出现任何直接联系。物理老师偶尔会用一整节课的时间来讲一道选择题。但这绝不是因为他没好好备课或者没有时间管理意识。他会从一道选择题入手，把很多相关的知识融会贯通起来给学生讲解。这种把看似独立的知识点完美联系起来的过程真是太令人享受了。下课的时候我还沉醉在这场思维的盛宴中不能自拔，并不忘破坏气氛地大声问一句："老师，所以这道题到底是选 B 还是选 C？"唉，也难怪物理老师至今不知道我对他的崇拜。

鸡与蛋

如果你很想做一件事，自然会找到方法。如果你不想，就会找借口。

——吉姆·罗恩

大一上英语课的时候，外教把班里同学分成了几个小组，每个小组要演一部莎士比亚的名著。我们组抽到的是《哈姆雷特》。在角色分配的那节课上翘课的结果是我被分配到了哈姆雷特的角色，因为其他人都不想要那么多台词。演短剧那一天，在我一脸正经地把"生存还是毁灭，这是个问题"说成"先有鸡还是先有蛋，这是个问题"的时候，组里的人终于意识到把这么多的台词分给我背，似乎是个并不太明智的决定。

我也觉得这件事情发生得挺丢人的。因为"先有鸡还是先有蛋"根本没有什么可纠结的嘛。肯定是先有蛋。从一方面来说，蛋在 10 亿年前就已经有了，而鸡是在 1 万年前才出现的。另一方面来说，第一只鸡一定是从某个蛋里钻出来的，无论生了这个变异的蛋的到底是个什么生物。当然，如果把这个问题稍作更改，变成"先有鸡还是先有鸡蛋"，那就是另一回事了。根据

定义，鸡蛋是鸡生的蛋，那么必须是先有鸡后有鸡蛋了。总之，我想表达的是，"先有鸡还是先有蛋"这个问题其实并没有特别大的需要纠结的地方。

那我这一部分到底是想说啥呢？其实主旨还是心理学，而不是生物学。我想聊的是关于理性决定的问题。炒股让我意识到，很多时候我所认为的"理性决定"并不是经过理性思考之后做出的决定，而是先做出了决定，再努力寻找支持这个决定的理由，把它包装成理性决定的样子。

我想，大概每个股民多多少少都有过类似的经历，无论你是技术分析派的，还是基本面分析派的。对于技术分析派来说，在某个点做出了买入决定之后，发现股票并没有上涨。理性的行为是止损，重新评估。其他可能出现的行为包括：关电脑，眼不见心不烦，还是不放心的话去庙里拜一拜；或者特别劳模地在图标上调出额外的二十几个技术指标和趋势线，总有几款支持买入的决定。

对于基本面分析派来说，在某个点做出了买入决定之后，在未来的两个月里股票的价格并没有如期回归你所认为的价值。理性的行为是……唉，我也不知道理性的行为是啥，因为我不是这个派的，不敢乱说。但我猜其他可能出现的行为同样包括去庙里拜一拜和劳模附体——找出这个公司最近五年的财务报表、同行业的其他 n 个公司的财务报表、就业数据、央行政策预测等。总之，只有想不到的，没有找不到的。在这无数的文件里，总有那么几款支持买入的决定。

正如我之前所说的，股市往往以最简单粗暴的方式把现实狠狠地扔过来，把一切幻想的泡泡砸个粉碎。无论我在慌乱之下找出来多少个技术指标和趋势线来给自己壮胆，并不能改变股票价格下跌的事实。股市不留给人一点点自欺的余地。残酷，但是有帮助，就像苦口的良药。往往，生活里的其他事情，虽然柔和许多，却会一小步一小步地让我们偏离自己的目标。

举个很简单的例子，我的一个好朋友（虽然我相信会有不止一个好朋友在读完这一段之后自觉对号入座）屡屡下决心要开始攒钱，少乱买东西。但是当心仪的小裙子出现的时候，不知道为什么，衣柜里挂着的摞着的塞着的那几十条小裙子忽然间都和新买的包显得有点不搭。自然而然地，"理性"的决定是把这条新出现的心仪的小裙子请回家，否则新买的包包就浪费了。

我："那你当初为啥买这个包？"

朋友："因为我缺这个大小的包。"

我："我记得你有一个差不多大小的包啊，黑色的。"

朋友："颜色不一样，形状不一样。哎呀你烦不烦啊。"

我不喜欢逛街，所以并不能非常到位地体会对于有些人来说"三过商场而不入"的痛苦。但我在几万字之前坦白过，我对电子产品毫无抵抗力。美国有一家叫作 Best Buy 的连锁店，专营各种电子产品。有一次，我去 Best Buy 买电池，结果出来的时候买了耳机、头显、超爽手感机械轴键盘，回家之后发现体重秤还是没有电池可换。

不炒股不知柴米贵。开始工作之后我给自己定下规矩，如果我真的需要什么，那么没必要刻意省钱。但是我必须进行灵魂的拷问，看看这个东西到底是需要在先，还是渴望在先。如果是渴望在先，那八成我对它的需要是凭空捏造出来的。当然，这并不意味着我一定要非常禁欲系地把一切渴望扼杀在摇篮里，只是，我需要对自己诚实：这个东西是我想要的，而不是我需要的。很神奇的，有时候一旦对自己卸下伪装，对这个东西的渴望就烟消云散了。

跟用需求包装渴望有些相关性的，是一种叫作确认偏误[①]（confirmation bias）的认知偏差。确认偏误指的是人们选择性地回忆和搜集有利信息、忽略不利信息，来支持自己已有的想法或假设的倾向。这是一种很常见的认知偏差。科学的、理性的思考方式应该是先搜集证据，然后基于证据作出假设或是得出结论，而不是反过来。我们一旦对某个结论产生了一种先入为主的信仰，就很难跳出确认偏误的怪圈，来客观公正地进行分析。对于一件事情，如果先产生了某种结论，然后再假惺惺地进行一番论证，那么八成论证的结果是支持一开始的结论的。根据我个人的经验，为了避免确认偏误，我需要时不时地进行"鸡与蛋"的灵魂拷问，弄清楚是分析在前还是结论在前。

在网络极度发达的今天，可以说，对于任何奇奇怪怪的结论，几乎都可以找到很多看似靠谱的证据来支持这个结论的正确性。无论是纳粹大屠杀否认论，还是911阴谋论、珍珠港阴谋论，网上都可以找到大量的资料来支持这些观点。随着人工智能的发展，甚至连照片和视频造起假来都毫无压力。如果想要选择性地吸收和我们已有观点相符合的信息，那真是再容易不过了。

[①] 或称确认偏差、证实偏差、肯证偏误、验证偏误、验证性偏见、我方偏见。

越是这样，对于"鸡与蛋"的灵魂拷问越是有必要。

另外一种对于避免确认偏误相对有效的方法是尽量不要公开自己的观点。一个观点一旦公开表达出来了，我们对于这个观点的忠诚度往往随之爆表了。毕竟，公开承认自己之前所持的观点是错误的，是一件非常打脸的事——头可断、血可流，面子不能丢。几个月以前跟小伙伴一起吃饭的时候被问及英伟达的股票，我因为吃太嗨了，一时间嘴上没把门的，说差不多可以卖了，跌一跌之后再买回来。我说这句话当然不是没有依据的，根据我的分析，我觉得 10% 左右的价格回调即使不说是迫在眉睫，也是非常近期内就会发生的事。但就是因为这一句话，在后面的两三天里，我每天中了邪似地每天死盯着英伟达的股价，稍微上涨一点我就感觉非常愤懑，跌一点我就如释重负。好在我说的价格回调很快就发生了，否则我一定会每天死守着英伟达的图表坐等它跌，直到地老天荒。

英伟达事件以后，又有人问我对股票的看法，我只是露出了非常诡异的微笑。我相信，根据确认偏误理论，提问的人如果看涨的话，自然会把这个微笑解读成"且涨呢"；如果看跌的话，自然会把这个微笑解读成"快崩了"。而只有我知道，这诡异微笑背后的真相是：忽然好想吃烤红薯，晚上去超市买两个红薯拿回家烤。

先有鸡还是先有蛋，这是个问题。

放过我的脑细胞

首先，忘掉灵感。习惯更可靠。无论是否有灵感，习惯会支撑你，习惯帮你完成并润色故事，而灵感不会。习惯是在实践中坚持。

——奥克塔维娅·E.巴特勒

随着掉坑次数的增加，我的情绪管理能力和抗压能力都慢慢得到了改善，但使我的业绩快速增长的另一个功臣是我的Playbook。Playbook是个啥？说得抽象一点，它是专业短线交易员的生存手册。说得具象一点，它是针对不同类型的交易的执行手册。

举个例子，如果某一只股票在盘前交易[①]中表现强劲，在开盘后的一段时间成功保持了强力的上涨趋势，那么对我来说，这只股票我既有可能考虑卖空，也有可能考虑买入。那么是卖空还是买入呢？如果卖空的话在什么价格卖空比较合适？在这个价格上下，我看到了什么样的交易特点会加大我卖空的意向？

---

① 盘前交易是美国东部时间早上4点到9点半这个时间段内的交易。美国股市正式的交易时间是美国东部时间早上9点半到下午4点。

是忽然暴增的交易量，还是买卖序列中出现的巨大的卖单？又或者是股票短期突破了阻力线却又瞬间回落？如果我决定卖空，那么以什么样的仓位卖空比较合适？止损点在哪里？目标利润是多少？这一系列的决定往往需要在几秒钟之内做出。

相似地，如果我考虑买入这只股票的话，我是在它创新高的时候买入，还是耐心等待价格回调的时候买入？如果是创新高的时候买入，它的下一个可能遇到上涨阻力的价格区域在什么地方？我的止损点放在哪里比较合适？如果是等待价格回调的时候买入，多大的回调力度是表明这只股票上涨的劲头还是强劲的？多大的回调力度说明这只股票上涨的背后并没有大机构的支持？交易量中透露着怎样的线索？如果买入的话，什么样的仓位是合理的？什么样的后续表现会让我对仓位的信心增加，从而加大仓位？什么样的后续表现会让我对仓位的信心减少，对股票减持甚至是平仓？

我以上描述的并不涵盖所有需要考虑的因素。其他因素包含但不局限于：5 分钟的指数移动平均线（EMA）们在哪里？15 分钟的指数移动平均线们在哪里？日线图的简单移动平均线（SMA）们在哪里？成交量加权平均价格（VWAP）是多少？股票的平均真实波幅（ATR）是多少？股票的日线图的表现如何？距离财报有多少天？甚至连当时的时间也是需要考虑的因素，因为有些类型的交易机会只有出现在开盘后的一小时以内是大概率的，有些交易类型则适合在收盘前的半小时进行，还有些交易的机会在开盘以后的一到两小时之内更加容易出现，等等。

在超短线的日内交易中，往往做决定的时间只有几秒钟。短线交易员需要以极高的准确度在最佳的价格建仓。我们没有"看着差不多就买了，过几天看看能不能涨"的选项，因为日内交易的仓位我们绝不过夜持有。在我的交易历史中，我的很多买入点都是当天的绝对最低点，哪怕是 500 美元以上的股票。当然，也有差 1、2 美分没有成功买入的情况。比如当天的最低点在 502.03 美元，而我的买单放在了 502.01 美元。还有的时候成功买在了最低点，但是没有能够买到我理想的仓位。比如我想买 500 股，结果只买到了 31 股。

在这种情况下，我宁可放弃利润，也绝不允许自己去追逐已经开始上涨的价格。为啥呢？因为试图在最低点买入的风险在于，这种交易类型往往是逆着当时的价格趋势的。如果分析准确的话，股票确实有极大概率在这个地方会发生反弹，但是反弹的力度很难预测，需要继续观察后续的股票交易特点。如果这只是一个小反弹，股票会继续掉头下跌，或是股票反弹了一些之后进入一种无序的混乱交易区间，那么追逐上涨的价格来实现买入，交易员将因为没有拿到最好的价格而进入一种非常被动的状态。

可想而知，这样复杂的决定是非常消耗脑细胞的。一天做上几个，甚至是几十个这种类型的决定，很难保证决定的质量（以及精神的健全程度）。这就是 Playbook 的必要之处。在 Playbook 中，我们会详细地列出每一种交易策略的标准：我们的交易决定在满足哪些条件的情况下被触发、合理的起始仓位以及止损点是什么、后续的价格走势在满足哪些条件下应该考虑加大仓位、后续仓位的止损点是什么、利润目标有几个，以及在每一个利润目标减持多少仓位。

刚刚入行的时候听经验老到的交易员说，如果有一天你发现你的工作不再那么惊险刺激了，而是变得很机械化甚至有些无聊，那么你距离变成有持续盈利能力的交易员已经不远了。从开始构建属于我自己的 Playbook，到慢慢对它进行补充和完善，我才终于领会到那个老交易员的意思。

一开始我对写所谓的 Playbook 是抗拒的，我觉得每一天的股市都不一样，每一只股票的"性格"也不一样，这样机械化地对待，岂不是编程序自动交易就可以了？要我干啥？其实编程自动交易在一些基金以及一些散户中是挺常见的，它的好处是完全排除了人类的各种心理障碍和情绪弱点——毕竟，电脑不会赌气也不会恐惧。自动交易的另一个好处是可以在上千只合适的股票中进行筛选，不错过任何符合条件的交易机会。

但是在一些专业交易员眼中，自动交易并不是理想的解决方式。对于电脑没有情绪这件事情，专业交易员经过若干年的锤炼，基本上也可以达到宠辱不惊、时刻保持理性的境界。对于电脑可以在几千只股票中海选的优势，虽然人类无法与之匹敌，但我们毕竟不是在经营大的基金，每天找到那么几只适合交易的股票对我们来说就足够养活自己并且存点零花钱了。更何况，像观察买卖序列，以及一些慢慢建立起来的交易直觉，是有些说不清道不明的门道在里面的，很难写成代码。

Playbook 的最大意义在于它大大减少了做决定时的考虑因素以及自由发挥的限度，帮我们省下了一些脑细胞。事实上，我们每一个人做决定的能力都是非常有限的——如果每天需要做很多很多决定，就很难保证每一个决定的质量。这样说起来可能有些泛泛，不妨试想这样一个场景：你刚刚拿到体检报告，发现甘油三酯偏高，于是决定健康饮食，并且加强锻炼。经过非常繁忙的一天，你下班回家，打算做饭。做点啥好呢？啥健康呢？需要买啥菜呢？哎呀好烦，还是去楼下吃麦当劳吧，少要一份薯条就是了。吃完不包含薯条的麦当劳，你想起来刚刚下了决心每周要去健身房三次。今天要不要去呢？去的话是用跑步机还是椭圆机呢？要么试试划船机？哎呀好烦，要不明天再去吧。

就这样，我们距离预想的目标越来越远。

有效解决这个问题的方法之一是把需要做决定的数目降低到最少。在健康饮食上，我每天的早饭都是一样的：两个鸡蛋、一瓶蔬菜汁、一盒酸奶、两片黑麦面包、半磅烤三文鱼或是烤牛肉。午饭和晚饭也几乎是一样的：若干种烤蔬菜加某种全谷物主食再加某种蛋白质（三文鱼、鸡肉、牛肉或是豆腐）。我不需要每顿饭绞尽脑汁去想怎样吃才健康，因为我知道在我的脑细胞已经大批量阵亡的情况下，我很难做出最佳决定。取而代之的是最容易的决定——下楼买披萨。

在去健身房这件事情上，我的解决方法也是简单粗暴至极。如果每周去三天，那我难免会在犯懒的时候跟自己讨价还价：要么今天不去了吧。如果再加上需要去决定什么时候去健身房，那就更糟糕了。从早上拖到下午再拖到晚上是极大概率的事件。所以我的习惯是每天早上起床先吃一些水果补充一点血糖，喝一杯咖啡增加燃脂效率，然后就开始锻炼。锻炼结束之后吃早餐，正式开始新的一天。我仍然会每天都犯懒，但我不会跟自己讨价还价，因为没有什么讨价还价的空间。规矩是死的，按计划执行，少废话。如果你觉得每天都健身太残忍了一些，还是每周三天比较人性化，那么不妨选定到底是哪三天，然后果断地剥夺自己讨价还价的资格。说了是周一周三周六，就是周一周三周六。说了是早上，就绝不拖到下午。

估计我妈看到这儿，八成要跟我说："哎呀，别活那么累，天天跟军训似的。要学会放松。"我觉得率性而活，想几点睡几点睡、想几点起几点起、想吃什么吃什么、想锻炼就锻炼、想躺尸就躺尸也是种不错的活法。这个全看自己的人生哲学了。不同的人生哲学之间其实没有什么优劣可言。但如果你的人生哲学中包括了要完成某一个目标，那么我刚刚所描述的方法对于高效率地达到这个目标还是有一定参考价值的。

更何况，也不是事事都需要提前写好 Playbook，然后按部就班地执行。人生总要有一些说走就走的旅行才有趣。对于一些不影响大体规划的事情，比如闲暇的时候去咖啡馆一口气读完一本小说，或是去电影院随机地看上一部电影，都是非常令人愉悦的体验。但是对于某个想要达到的目标来说，一次性规划好为了达成这个目标需要一步一步完成的事情，然后按照计划进行，确实是比较高效的一种方式。而且，与直觉相反，这样并不会过多地降低生活的幸福感。如果时不时地需要做个决定，为了不偏离大目标，我们往往需要在每一个决定中保持理性，而这才是真正降低幸福感的事情。因为几乎每一个有利于长期目标的决定都是会牺牲短期舒适感的。咬咬牙下决心每天早上都去健身房，真的比每天早上都下决心去健身房要容易得多。

提到扎克伯格，脑海中浮现出的形象基本是灰 T 恤，偶尔天冷的时候外加一件灰帽衫。在被国会吊打的时候，我看见西装革履的小扎，觉得相当不习惯。相似地，提到乔布斯，脑海中浮现出的形象是黑色圆领衫和牛仔裤。据说他曾请三宅一生帮他定做了 100 件黑色圆领衫，从年轻时一直穿到去世。

对于单调的衣橱，小扎曾经说："每天决定吃什么、穿什么这类小事，不断重复就会消耗能量。我不喜欢浪费精力在这种小事上，将全世界十亿以上的人联系起来，才是我更应该做的事。"（不知道为什么，多年之后再读到这句话，我的第一反应是新冠病毒，而不是扎克伯格。好奇怪。）我觉得这个逻辑对于每个人都有借鉴价值。我们的脑细胞是稀缺资源，在一些小事上还是放过它们吧。

当时只道是寻常

昨天不过是今天的回忆，明天不过是今天的梦想。

——纪伯伦·哈利勒·纪伯伦

作为一个乖孩子（努力按住即将变长的鼻子），我每写完一章，都会发给老娘过目。最频繁得到的反馈是："差不多该收尾了，别写太长了。"对此，我心里是抗拒的。一方面，话痨的我还有很多很多想说的；另一方面，多情自古伤离别。我是个超级讨厌分别的人。初中毕业，我和两三个小伙伴喝醉酒躺在校园的草坪上痛哭流涕——有个细节需要透露一下，我的很多初中同学都是在过完暑假之后会摇身变成我的高中同学的。没记错的话，我的高中班上"外校"来的只有不到15个。但即使是这样，毕业了我还是很伤感。

高中毕业就更别说了，这下是真的要各奔东西了。我坐在圆明园的一个石墩子上发了一个下午的呆。一年之前，我上一届的人毕业的时候我就在同一个石墩子上坐了一个下午。高中参加竞赛活动的时候经常和上一届的人混在一起，他们离开了，我也很难过。

大学毕业自然也是一样。高中同学虽然毕业之后各奔东西，但大家基本还在国内，而且家也都在北京，所以寒暑假的时候小聚起来并不十分困难。但大学同学就不一样了，我们这一级化院入学 150 人，毕业的时候 120 人出国。哪里是各奔东西，分明是各奔天涯。而且大家也来自全国各地，即使假期回国，也很难在同一个城市里聚起来。一转眼大学毕业已经快 13 年了，我和同宿舍的同学们也只见过一两面。

对于这本书的收笔，我也有一种离别的不舍感。毕竟，这又是人生的一个极小阶段的一个句号。以"当时只道是寻常"作为结尾，真是再贴切不过了。很多次我都不禁去想，为什么一样东西，或是一个人，又或是一个阶段，总是要到失去之后我们才追悔莫及呢？也许像一些人说的，我们回首过去的时候会加上滤镜，把不愉快的细节过滤掉，只剩下五彩缤纷的画面。或许是这样吧，但我认为还有一层原因，来自我们的认知偏差。

在"不以成败论英雄"那一部分里，我提到一件事情的结果一部分由我们所做出决定的质量决定（我想，也可以把这部分简单概括成"技术"），另一部分则由随机因素决定（也可以把这部分概括成"运气"）。世界上几乎每一件事情都是掺杂着一部分不确定性的。用和"世界上唯一不变的是变化本身"相同的句式，那就是"世界上唯一确定的是不确定本身"。

股票交易本身，归根结底也是一场概率的游戏。在认真观察一只股票的交易状况之后，我们可以试探性地做出猜测：5分钟之前出现的61.92美元应该是短期内的低点了。进一步地，我们继续推断：如果61.92美元确实是短期内的低点，它应该至少反弹到63美元左右。作为一名训练有素并且无比理性的交易员，如果股票的价格现在是62.11美元，那么此刻买入的话风险是20美分，因为61.91美元是一个符合逻辑的止损点。与之相对的，利润空间是80~90美分。1:4的风险与回报比，听起来挺不错的。

这个分析中所忽略掉的无比重要的一点是61.92美元是短期内的低点以及反弹空间到63美元这两个推测的正确的概率。如果交易员认为这两个推测同时成立的概率只有20%，那么1:4的风险回报比是不能说服交易员去做这笔交易的。相反，如果交易员认为两个推测同时成立的概率有80%，那么这笔交易不但是值得做的，而且是值得以大仓位做的。如果是我，这样的风险回报比加上这样的自信度，4000股的仓位在我看来是合理的。如果我对于推测成立的自信度只有60%，那么也许我只会建起来1000股的仓位。自信度更低的话可能我干脆就不做这笔交易了，除非市场里实在缺乏更好的机会。

建立这种以概率为指导的思维方式是交易员职业初期的一个比较大的门槛——毕竟，在现实生活中我们太容易对一件事说"绝对怎么怎么样"或者"不可能怎么怎么样"。在回忆过去的时候，我们会说"我就知道会怎么怎么样"。其实我们也不是永远缺乏考虑到不确定性的能力的。在我们说"现在出门应该能赶上"的时候，"应该"这两个字就包含了一些不确定性。至少比说"现在出门肯定能赶上"要优秀一些。

如果说在事情发生之前，我们偶尔可以考虑到未来的不确定性，那么在事情发生之后，我们就把这种不确定性忘得一干二净了。我们通常认为已经发生的事情是必然的，作为擅长讲故事的物种，我们也会找到各种合理的解释来证明事情发生的必然性。比如虽然我们一开始觉得现在出门应该能赶上，但因为路上堵车，我们没能赶上。如果天气不好，我们可能讲这样一个故事，叫作"天气太差了，所以堵车"。如果天气很好，我们的故事版本就变成了"天气太好了，大家都出来兜风了，所以堵车"。

有时候看一些财经新闻的标题，真是哭笑不得。"失业率数据创新低，股市大涨。"下一个月，同一个报纸："失业率数据再创新低，股票大跌。"点进去仔细阅读，发现作者说得可有道理了，失业率数据创新低，美联储可能认为经济过于火热，所以也许会考虑加息来放缓经济，防止通胀。这个逻辑是说得通的，换了我也会说同样的话。问题在于，如果上个月失业率创新低的时候，股票没有大涨，而是大跌了，我会把这段话搬到上个月去说。太多时候，我们明明是事后诸葛亮，却误以为自己神机妙算。

那这一切又跟"当时只道是寻常"有啥关系呢？事后诸葛亮的认知偏差让我们忘记了此时此刻我们所处的境遇，我们所拥有的物质财富和人际关系，都是千千万万种可能性里面恰好变成了现实的那一种可能性。我们理所当然地认为我们所拥有的都是我们该拥有的。相比于感恩和珍惜当下，我们更愿意花精力去畅想未来的无限种可能性。只有在失去之后，我们才意识到我们的拥有并非必然。

经过这将近两年的起起伏伏，我是真的有点宠辱不惊了。对于"嗖"地一声掉下去过的坑们（"们"字在此处非常关键），我不再悔恨，也不再伤感。把经验教训学到了，就接着往前走吧。我知道前面还有别的坑们（"们"字在此处仍然非常关键）在等着我"嗖"地一声掉下去。但是没关系，这不是我停步不前的理由。因为我知道，即使掉下去了，我还是可以爬出来的。总结经验教训，再接着往前走。与此同时，我也会继续扮演讲故事的人的角色，去脑补我是如何掉进了一个深到爬不出来的坑里，并以此为鉴来伸长脖子看看前面的路上有没有疑似我脑补出来的深不见底的坑，有的话尽量绕着走。人生就是这样一个不断试错又不断向前的过程吧。

我的故事暂时就讲到这吧。我会继续努力的，在公司采纳我的意见把马甲变成帽子之前，争取早点弄个绿马甲穿一穿。毕竟到了穿黑马甲的那一天，变成帽子也就不用怕了。希望所有耐心读完我的故事的你们也一起努力。当你们在吃瓜群众面前长风破浪的时候，当全世界都在质疑你，甚至是期待着你跌下神坛的时候，我会是那为数不多的为你喝彩的人。希望所有心怀梦想的人在奋斗的道路上永不孤独。

后记

在这本书正式交稿之前，卖空 SMCI 赔的钱已经被我一点点地赚回来了。三天捅的窟窿用了半年的时间来补，其中包括一个多月的灵魂修复时间以及与其相伴的小浣熊大屠杀事件。当然，其间也"毫无悬念"地出过各种大大小小的 bug，掉过各种深深浅浅的坑。说实话，我很自豪这个窟窿补了六个月，而不是六天。回头看看，每一个脚印都很深很稳，没有弹跳的迹象。我终于开始相信，真正做好任何一件事，大概都需要这样一个脚印、一个脚印地踩实了往前走。跳着走在某一个时间段或许看起来进度很感人，但早晚是会摔跤的。祥林嫂了这么久的SMCI事件至此也终于有了个圆满的结局。可我不会忘了它的。不会忘了自己蜷缩在洗手间里的哀嚎，也不会忘了那几百袋的小浣熊干脆面。

就像当年跑完人生的第一个 5000 米之后，瘫在跑步机边上很中二地想：我连 5000 米都跑下来了，还有什么事情是我做不到的呢？现在的我很中二地想：连这都没打倒我，还有什么能打倒我呢？想到这里意识到，自己错了。SMCI 事件打倒了我，只是我爬起来了。在未来的人生中，谁也不能保证不会再出现个打倒我的事情。也许我还是会为某件事情感到痛不欲生，也许我还是会在低谷中找不到出口、在黑暗中看不到光明。但我还是会爬起来的。我必须爬起来。

很小的时候我喜欢舞枪弄棒的。姥姥用一块大红布给我做了个斗篷。我经常披起我的斗篷，拿上我的"宝剑"，幻想自己是个所向无敌的盖世英雄。如果时光机真的存在，我会穿越回去，对那个傻萌傻萌的儿时的自己说："你永远做不到所向无敌。但即便如此，你仍然可以做到无所畏惧。"